Callwey

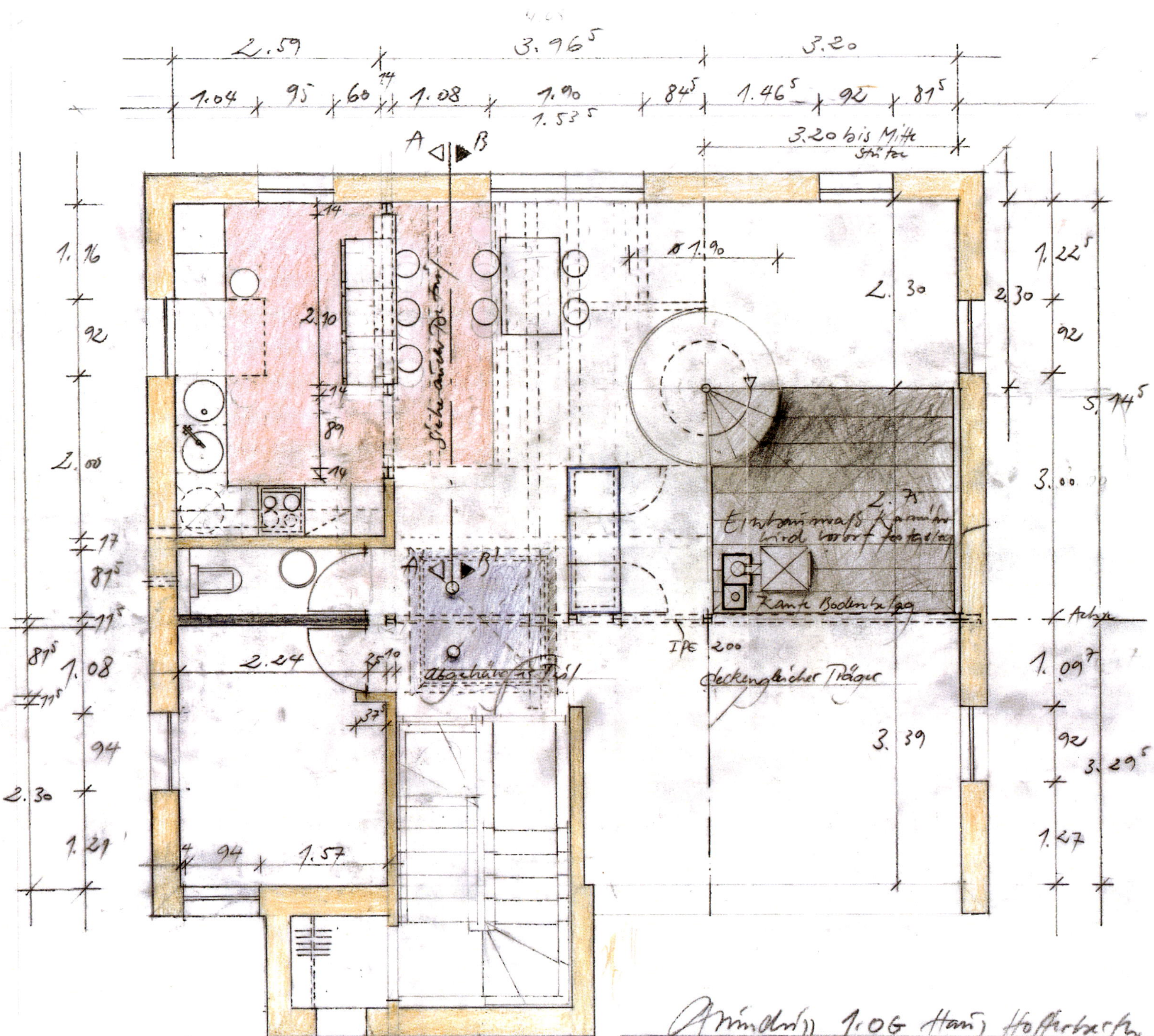

Grundriss 1.OG Haus Hofferberth M. 1/50

Stephan Isphording

Wohnen unterm Dach

Innovative Lösungen für Dachausbau und Aufstockung

Callwey

... rund ums Haus

Inhalt

6 Vorwort
8 Einführung
10 Typologie geneigter und flacher Dächer

14 25 Projekte für Dachausbau und Aufstockung

16 **Neues Raumgefühl unter der Tonne**
Ackermann & Raff, Tübingen
20 **Ein Bungalow strebt nach oben**
Werner Bäuerle, Konstanz
24 **Die Vertikale als Entwurfsprinzip**
Beckenhaub & Hohm, Bad König
28 **Großstadtarchitektur für die Kleinstadt**
Frank F. Drewes, Herzebrock-Clarholz
32 **Man sieht's ihm nicht von außen an**
Frank F. Drewes, Herzebrock-Clarholz
36 **Lineares Wohnen**
Frick & Reichert, Frankfurt am Main
40 **Der Trick mit der Treppe**
Prof. Gerd Gassmann, Karlsruhe
44 **Living in a box**
Hild & K., München
48 **Mystische Altstadt-Laterne**
Hild & K., München
52 **Lohn der Eigenleistung**
Hans Kohl, München
56 **Schöne Aussicht**
Prof. Christoph Mäckler, Frankfurt am Main
60 **Wolkenkratzer**
Marwede & Tebroke, Köln
64 **Kleinod inmitten der Metropole**
Meckel & Vogeler, Frankfurt am Main
68 **Gartenhaus mit Anspruch**
Meyer & Bassin, Dresden
72 **Kaffeemühle mit neuer Weitsicht**
Adriane Niedner-Siebert & Partner, Bad Honnef
76 **Schräges Wohnen im Container**
Ute Piroeth, Köln
80 **Wohnen aus dem Schrank**
Siegfried Polaczy, Berlin
84 **Glashaus über den Dächern von Steglitz**
Claudius Pratsch, Berlin
88 **Im Loft über Konstanz**
Schaudt Architekten, Konstanz
92 **Drunter und drüber**
Spengler & Wiescholek, Hamburg
96 **Neuer Stil in altem Gehäuse**
Prof. Dr. Andreas Uffelmann, Hannover
100 **Sanfte Sanierung**
Jutta Unland, Bremen
104 **Doppelhaus mit Turmzimmer**
Norbert Weickenmeier / Alexander Reichel, München
108 **Große Klappe**
Werk & Stadt Planungsgemeinschaft, Hamburg
112 **Vier Generationen und ein Dach**
Eberhard Wurst, Pfullingen

116 Sanierung und Modernisierung
120 Baurechtliche Bedingungen
122 Glossar
126 Anhang

Vorwort

Die attraktive Lage über den Dächern der Stadt, die bereits bestehende Infrastruktur oder die uneinsehbare Dachterrasse sind unverkennbare Vorzüge, aber damit bei weitem nicht die einzigen Argumente für das „Wohnen unterm Dach". Die Möglichkeit, durch Ausbauten oder Aufstockungen vorhandener Dachflächen ein Stück eigengeplante, unverwechselbare Architektur im verdichteten städtischen Raum zu verwirklichen, übt auf viele Wohnungssuchende einen unvermindert hohen Reiz aus.

Das knappe Angebot an Bauflächen und die damit verbundenen frustrierend hohen Grundstückspreise in den Zentren verstärken zudem bei Bauwilligen die Suche nach Alternativen zum freistehenden Einfamilienhaus.

Anders jedoch als Trockenbauunternehmen und Dämmstoffanbieter mitunter suggerieren mögen, erschöpft sich der Dachausbau nicht im Anbringen von Zwischensparrendämmung und Leichtbauplatten. Die fachgerechte Dachumgestaltung erfordert eine detaillierte Bestandsanalyse und eine genaue Untersuchung der bauphysikalischen Zusammenhänge sowie statischen Gegebenheiten, um nur einige der Hürden zu nennen, die auf dem Weg zur eigenen Dachwohnung zu überwinden sind.
In der Summe handelt es sich bei dem Thema Dachausbauten und Aufstockungen damit um eine sowohl in architektonischer als auch in bautechnischer Hinsicht komplexe und nicht zu unterschätzende Bauaufgabe. Von kreativen Architekten wird das Thema Dach dementsprechend wieder als eine ganzheitliche baukünstlerische Aufgabe begriffen und als Einzellösung erarbeitet.

Das Buch stellt 25 Beispiele realisierter Dachausbauten und Aufstockungen der letzten Jahre vor, die aufgrund ihres hohen Maßes an Individualität und räumlicher Qualität belegen, daß diese Wohnform tatsächlich eine überzeugende Alternative bieten kann. Die Bandbreite der präsentierten Projekte reicht von Aufstockungen flachbedachter Bungalows der 60er Jahre und der behutsamen Umgestaltung denkmalgeschützter historischer Bausubstanz über die Umnutzung landwirtschaftlicher Gebäude in dörflicher Umgebung bis hin zu Beispielen innerstädtischer Nachverdichtung. Ausgangslage und Motivation der einzelnen Bauherren für ihre Bauvorhaben, wie zum Beispiel der Bau eines Dreigenerationenhauses oder die Verbindung Arbeit und Wohnen im Dachatelier, sind demgemäß sehr unterschiedlich und vielfältig.

Alle hier dargestellten Ausbauten und Aufstockungen wurden von Architekten nach den Wünschen ihrer Auftraggeber individuell geplant. Entscheidendes Auswahlkriterium für die einzelnen Projekte war ihre Vorbildhaftigkeit im Umgang mit den Gegebenheiten des Bestandes, den Gegebenheiten der unmittelbaren Umgebung, den Wünschen und nicht zuletzt den Budgetrahmen der Auftraggeber. Darüber hinaus sollte dem Entwurf ein erkennbar klares Konzept zugrunde liegen, das insgesamt zu einer schlüssigen und aussagekräftigen architektonischen Lösung geführt hat. Alle Projekte sind realisierte Bauvorhaben.

Zur größeren Verständlichkeit werden die vorgestellten Projekte in ihrer Ganzheit dokumentiert:
Alle Projektzeichnungen wurden neu erstellt, um sie durch ein reduziertes, auf das Wesentliche konzentriertes Layout eindeutiger lesbar und besser vergleichbar zu machen.

Die Grundrisse und Schnitte sind einheitlich im Maßstab 1:200 dargestellt, das heißt: 1 cm in der Zeichnung entspricht 2 m in der Realität. Zahlreiche Fotografien veranschaulichen durch Innen- und Außenaufnahmen das realisierte Ergebnis.

Der jeweilige Baudaten-Kasten gibt über die Texte hinaus noch weitere Informationen in systematisierter Form. Die Eckdaten des Projekts können so rasch und übersichtlich erfaßt werden. Neben Informationen zu der Anzahl der Bewohner und dem Baujahr des Bestandes befinden sich hier auch Angaben über die durch den Ausbau bzw. Aufstockung des Daches erzielten Wohn- und Nutzflächen.

Die Baukosten, die auf das Kostenniveau des Jahres 1999 aktualisiert wurden, sind als reine Baukosten exklusive der Mehrwertsteuer zu verstehen, selbstverständlich ohne die Nebenkosten für Honorare und Gebühren.

Die Projektbeschreibungen zeigen Planungsüberlegungen, die Ausgangssituation und den Ausstattungsstandard der Dachausbauten auf, um zu dokumentieren, unter welchen Prioritäten und Bedingungen das gebaute Ergebnis entstanden ist.

Bei der Reihenfolge der Darstellung wurde bewußt auf eine Kategorisierung der Projekte verzichtet, um aus einem eher graphischen Blickwinkel die Individualität jedes einzelnen Projektes zu unterstreichen. Es findet insofern keine Vorabbewertung statt.

Das Buch beinhaltet vor dem Projektteil eine typologisierende Darstellung der häufig verwandten Dachformen und -konstruktionen. Der hintere Teil des Buches widmet sich ausführlich einzelnen Aspekten der Sanierungs- und Modernisierungsmaßnahmen bei Dachausbauten: Die Themen reichen hier von der am Anfang stehenden Bestandsanalyse über bautechnische Aspekte wie Wärmedämmung, Holzschutz und die Möglichkeiten der Dachbelichtung bis zu den zu berücksichtigenden baurechtlichen Einschränkungen. Das Glossar komplettiert das Buch zu einer informativen Entscheidungs- und Planungshilfe für das eigene Bauvorhaben.

Legende zur Planbeschriftung:

Ab	Abstellraum	Ki	Kind
An	Ankleide	Kü	Küche
Ar	Arbeitszimmer	LR	Luftraum
At	Atelier	Sa	Sauna
Auf	Aufzug	Sch	Schlafzimmer
Bib	Bibliothek	SP	Spitzboden
Es	Esszimmer	Ter	Terrasse
Ga	Gästezimmer	WF	Windfang
Gal	Galerie	WG	Wintergarten
HW	Hauswirtschaft	Wo	Wohnraum
Hzg	Heizungsraum	Zi	Zimmer

Dank

Allen Architekten, die für dieses Buch so viel Engagement aufbrachten, den Bauherren, die der Publikation ihrer Dachausbauten zustimmten und den Fotografen, die die Aufnahmen gemacht und mir zur Verfügung gestellt haben, danke ich sehr herzlich für die Mitarbeit an diesem Buch, ebenso der angehenden Architektin Christiane Fülscher, die die Zeichnungen für dieses Buch neu erstellt und bearbeitet hat.
Danken möchte ich auch meinen Verlegern Helmuth Baur-Callwey und Roland Thomas für ihre kenntnisreiche Begleitung und Torsten Krüger für seine engagierte grafische Umsetzung des Buches.
Besonderen Dank möchte ich Holger Reiners für seine Unterstützung und den Anstoß zu diesem Thema sagen.

Einführung

Das Dach – Urform des Hauses

In einer Zeichnung eines – mitteleuropäischen – Kindes und natürlich beim Spiel Dies-ist-das-Haus-vom-Nikolaus zeigt sich das Haus in seiner urtypischen Form als rechteckiges Gebilde, gekrönt mit einem grundsätzlich geneigten Dach. Es ist leicht nachvollziehbar, daß die Urform menschlicher Behausungen ursprünglich ausschließlich aus einem Dach bestanden haben könnte. Denn das Dach und das Haus sind entwicklungsgeschichtlich untrennbar miteinander verbunden. Beide hatten den Zweck, seine Bewohner gegen die äußeren klimatischen und witterungsbedingten Einflüsse – Regen, Sonne, Wind und Schnee – mehr oder weniger wirksam zu schützen. Das geneigte Dach ist weltweit überall dort vorzufinden, wo die klimatischen Verhältnisse die Ableitung der regelmäßigen Niederschläge mit Hilfe der Schwerkraft erfordern. In den Wüsten- und Halbwüstengebieten Asiens und Afrikas dagegen sind Bauten mit Flachdach die verbreiteten Zufluchtsorte gegen Sonnenstrahlung, Trockenheit und heiße Winde.

Welches Material gegen die natürliche Unbill des Klimas eingesetzt wurde, ob Stroh, Holzschindeln, Ziegel, Naturstein oder Schiefer, hing in erster Linie von den regional verfügbaren Deckungsmaterialien ab. Hinzu kam in dichter besiedelten Gebieten eine häufig durch öffentliche Verordnungen vorgeschriebene Verwendung ausreichend feuerresistenter Werkstoffe. Die jeweiligen Dachmaterialien hatten nicht nur verschiedene Dämm- und Feuerschutzeigenschaften, sondern erforderten aufgrund ihres spezifischen Gewichtes auch einen unterschiedlichen konstruktiven Aufwand, der unvermeidlich einen starken Einfluß auf die Formengebung und äußere Gestaltung des Daches ausübte. In dem jeweils vorhandenen kulturellen Umfeld entwickelten sich zudem ausgereifte handwerkliche Techniken, die die Erscheinungsform des Daches in Bauart und Oberfläche maßgeblich bestimmten. Die Wahl der Dachform konnte aber auch politisch-gesellschaftlich determiniert sein. Als Beispiel sei hier an die mittelalterliche Bauvorschrift erinnert, die eine Dachneigung von über 50° ausschließlich Sakral-, Rats- oder Standeshäusern zubilligte.

Wie der bis in die 70er Jahre erbittert geführte ideologische Richtungsstreit zwischen Anhängern des Satteldachs einerseits und Befürwortern des Flachdachs andererseits jedoch zeigt, spielt bei der Frage der Dachform neben den klimatischen und technisch-traditionellen Verhältnissen die gewünschte Anmutung der Architektur eine bedeutende Rolle. In unseren Breitengraden gilt das stark verbreitete geneigte Dach aufgrund seiner „behütenden" oder „krönenden" Wirkung auf den Baukörper landläufig als bildhaftere und heimeligere Architektur im Gegensatz zu den geometrisch strengen, abstrakten Flachdachbauten, die regelmäßig mit groß-

flächigen Bauteilen und dem weniger gewohnten offenen Grundriß einhergehen.
In der Architekturformensprache der klassischen Moderne mit ihren charakteristischen einfachen kubischen Baukörpern, ihrer Vorliebe für weißen Verputz und ihrer fehlenden Profilierung und Ornamentierung gehört das flache Dach zu den typischsten Elementen.

Wohnen unterm Dach

Über Jahrhunderte diente das Dach als Pufferzone zwischen innen und außen, als klimatischer Ausgleich zwischen äußerer Unwirtlichkeit und innerer Behaglichkeit. Der Dachraum bot aufgrund seiner guten Belüftbarkeit als „Boden", „Bühne" oder „Speicher" einen idealen Platz für Getreide und Stroh in einem Bauern- oder mittelalterlichen Handelshaus oder später im bürgerlichen Wohnhaus einen willkommenen Stauraum für die Lagerung überflüssig gewordenen Hausrats. An einer intensiveren Nutzung oder gar an einer Bewohnbarkeit des Daches bestand kein Bedarf.
Dieser Gedanke wurde erst im 17. Jahrhundert von dem französischen Architekten Jules Hardouin Mansart aufgegriffen, der ungeachtet der ungelösten wärme-, kälte- und schalltechnischen Probleme dem Wohnen unter dem Dach in sogenannten Mansarden zur Verbreitung verhalf. Dort wohnte dann das in der Folge städtischen Wohlstandes in zunehmenden Maße benötigte Hauspersonal. Als typischer Unterschlupf für ständig am Rande des Existenzminimums lebende Intellektuelle wurden Dachwohnungen in der Überlieferung des letzten Jahrhunderts hauptsächlich mit romantischen Vorstellungen assoziiert. Frei von mütterlichem Schutz und väterlicher Ordnung (M. Rothe-Buddensieg in ihrer Untersuchung über den Dachboden in der deutschen Prosaliteratur), war der Dachboden mit seinen geheimnisvollen Schätzen aus vergangener Zeit und seiner ungewöhnlichen Geräumigkeit auch immer Schauplatz für den jugendlichen Drang nach ungestörten, der familiären Kontrolle entzogenen Freiräumen.

Letztendlich galt das Wohnen unterm Dach bis in die Nachkriegszeit als gesellschaftlich ausgrenzend. Erst mit dem Einzug des als Inbegriff für modernes Wohnen geltenden Penthouse fand die über den Dächern der Stadt liegende Wohnung in guten Lagen immer mehr Anklang und galt allmählich als chic. Die doppelgeschossige Maisonette- oder Galeriewohnung wurde immer mehr zum Statussymbol.
Ein veränderter politischer und demographischer Kontext in jüngster Zeit trug ebenfalls dazu bei, daß das Thema Dachausbauten immer mehr auf öffentliches Interesse stieß. Der Anfang der 90er Jahre sprunghaft angestiegene Bedarf an Wohnraum insbesondere in den Ballungsgebieten erforderte rasche Abhilfe, um möglichst zügig und kostengünstig neue Wohnungen und Arbeitsstätten zu schaffen. Das in Deutschland bestehende große Reservoir an leerstehenden und ausbaufähigen Dachgeschossen bot da jede Menge Möglichkeiten, dem Problem zumindestens partiell Herr zu werden. Erleichterungen der Landesbauordnungen – allerdings nicht was den Sicherheitsbereich betrifft – leisteten dazu ihren Beitrag. Für den Investor taten sich aufgrund der erhöhten Nutzungsintensität von Wohngebäuden attraktive Anlageformen auf.

Aber neben den sozialen und ökonomischen Motiven, Dachgeschosse bewohnbar zu machen, spielt auch der mitunter nostalgische Wunsch nach unstandardisierten, geborgenen, weniger an funktionalen Maßstäben ausgerichteten Wohnverhältnissen eine Rolle. Schräge Wandflächen, sichtbare Konstruktionselemente und die unbestritten vielfältige Gestaltbarkeit eines Dachraumes kommen diesem entgegen. Hinzu tritt vor allem in den Städten eine zu verzeichnende Vorliebe für Altbauten und traditionelle Bauweisen. Sichtbar wird dieses Bedürfnis nach gemütlichen, gleichzeitig jedoch auch prestigeträchtigen Wohnformen in den gebauten Ergebnissen. Unproportionierte Giebelfenster, auffällige Fledermausgauben und überladene Mansardhauben in manchen Stadtbildern zeigen deutlich, daß das Thema Dachausbauten/-aufstockungen nicht immer mit dem nötigen architektonischen Bedacht behandelt wird.

Typologie geneigter und flacher Dächer

Dachformen

Das Satteldach ist die einfachste und im mittel- und nordeuropäischen Raum die gebräuchlichste Dachform bei Wohnhäusern. Das Satteldach besteht aus zwei gleich geneigten Dachflächen, die jeweils auf den Hauslängsseiten aufliegen und im First aufeinanderstoßen. Die Giebelwände sind damit die einzigen geraden Wände im Dachraum. Bei freistehenden Einfamilienhäusern bieten sich vielfältige Möglichkeiten zum Einbau von Fenstern, Gauben oder Loggien.

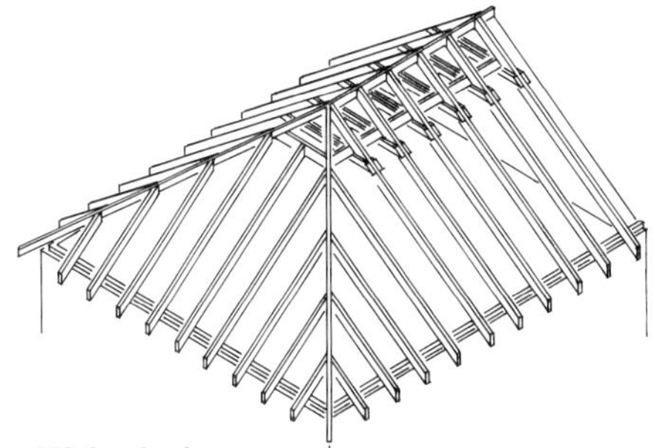

Walmdach

Eine Variante des Satteldaches stellt das Walmdach dar, dessen Dachflächen allseitig geneigt sind, wobei jedoch nur die gegenüberliegenden Flächen die gleiche Dachneigung besitzen. Diese Dachform legt sich wie ein Hut über den gesamten Hausgrundriß. Die Belichtung kann wegen der fehlenden geraden Wandaußenflächen nur über Dachflächenfenster oder Gauben erreicht werden. Eine Untervariante des Walmdachs ist das Zelt- oder Pyramidendach (Kaffeemühle), bei dem die vier Dachflächendreiecke gleich geneigt sind und sich im höchsten Punkt des Daches treffen. Eine andere Unterform ist das Krüppelwalmdach, bei dem die Giebelseiten zur Befensterung zum Teil hochgeführt werden.

Besonders gute Nutzungs- und Ausbaumöglichkeiten bietet das konstruktiv aufwendigere Mansarddach, dessen Dachflächen jeweils einmal abgeknickt sind, so daß der untere Teil des Daches zur leicht geneigten Außenwand wird. Dadurch ergibt sich auch in den Randbereichen eine brauchbare Stehhöhe, die eine deutlich verbesserte Ausnutzung des Dachraums schafft. Bei mehrgeschossigen Wohnhäusern in Großstädten findet sich häufig die Form des asymmetrischen Mansarddaches, das zur Straßen- und Rückseite eine steil, im Mittelteil dagegen eine flach geneigte Dachfläche aufweist. So wird der optische Eindruck eines Steildaches mit der höheren Nutzungsintensität des flachen Zwischenbereichs kombiniert.

Das Pultdach besteht aus nur einer einseitig geneigten Dachfläche oder als Sonderform aus zwei gegenüberliegenden, oft unterschiedlich geneigten Flächen – dem Pult und Gegenpult.

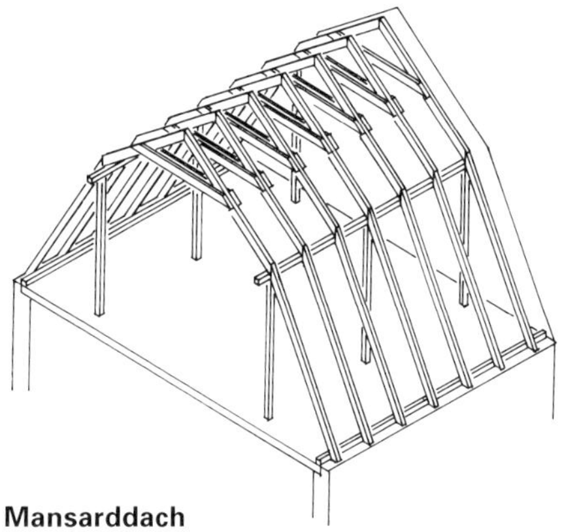

Mansarddach

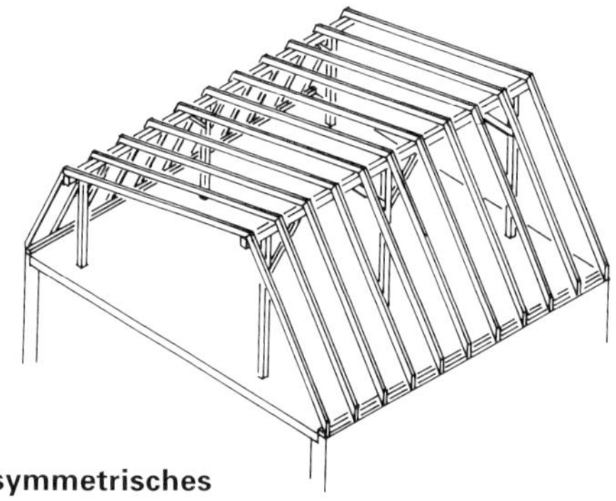

asymmetrisches Mansarddach

Das Tonnendach ist ein Tonnengewölbe, das aus vorgebogenen Trägern gefertigt wird, die meist auf den Längsseiten des Hauses aufgelegt werden. Es verfügt über gerade Giebelseiten.

Das Flachdach tritt nicht als eigener Baukörper hervor. Als Flachdach werden alle Dächer bezeichnet, die eine Dachneigung von unter 5° besitzen. Drei konstruktive Grundsysteme kommen für ein Flachdach in Betracht:
Das Warmdach ist eine nicht belüftete, einschalige Konstruktion, bei der Dichtung und Dachhaut unmittelbar auf der Wärmedämmung aufliegen. Die Konstruktionshöhe ist dadurch relativ gering.
Das zweischalige Kaltdach zeichnet sich dagegen durch eine Belüftungsebene zwischen der Wärmedämmung und der Dachaußenhaut aus. Bei dem dritten Typ, dem Umkehrdach, handelt es sich um ein nicht durchlüftetes einschaliges Dach, das vorwiegend bei schweren Dachkonstruktionen wie Betondecken Verwendung findet. Entsprechend seiner Bezeichnung kehrt sich hier die Schichtenfolge um. Die wasserführende Dachdichtungsbahn liegt unterhalb der Wärmedämmung. Das Umkehrdach eignet sich somit unter anderem gut für begrünte Dächer.

Ein Teil der durch Versiegelung verloren gegangenen Grünflächen kann durch begrünte Dächer zurückgewonnen werden. Neben der Verbesserung des Stadtklimas und des Grundwasserhaushalts erweitern sie den Erlebnisbereich als Terrasse oder durch den gewonnenen Ausblick. Das Gründach verringert die thermische Belastung der Dachdecke und verbessert gleichzeitig die Wärmedämmeigenschaften der Gesamtkonstruktion. Dachbegrünungen sind für Dächer mit einer Neigung bis zu 15° geeignet. Steildachbegrünungen bei Neigungen bis zu 40° sind nur über spezielle Konstruktionen wie Matten, Stützschwellen oder Pflanzkästen ausführbar, die das Abrutschen der Vegetationsschicht verhindern. Man unterscheidet zwischen einer Extensiv- und Intensivbegrünung. Die erstgenannte wird mit pflegeleichter Vegetation (zum Beispiel Sukkulenten) auf einer geringen Substratschicht aufgebracht. Die Intensivbegrünung mit Sträuchern oder kleinen Bäumen erfordert demgegenüber eine deutlich höhere Substratschicht von 15 cm bis 60 cm und eine anspruchsvolle Pflege, die unter Umständen sogar eine zusätzliche Bewässerung einschließt. Unabhängig von der gewählten Begrünungsart ist eine Wurzelschutzschicht unabdingbar, die das Durchdringen der sensiblen Dachhaut durch Wurzeln verhindert.

Dachkonstruktionen

Das Sparrendach besteht aus einzelnen Gespärren als Dreigelenkbinder, die in Verbindung mit einer zugfesten Decke alle auftretenden Lasten auf die Außenwände übertragen. Die in jedem Sparren auftretenden Normalkräfte müssen auf die Decke übertragen werden, was durch eine am Sparrenfuß eingelassene Knagge geschieht.
Dieser Konstruktionstyp ist durch einen stützenlosen Dachraum gekennzeichnet, was

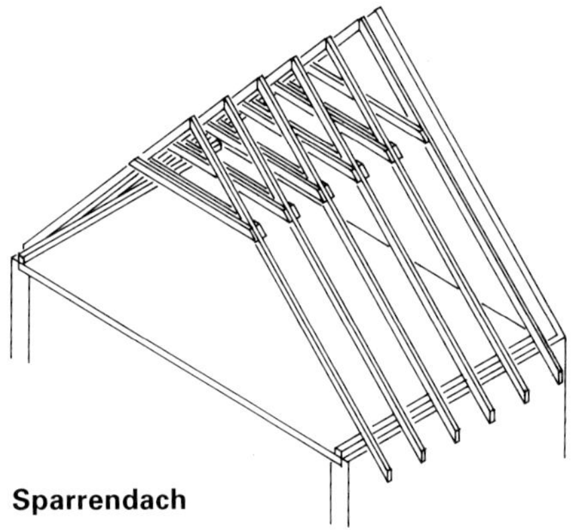
Sparrendach

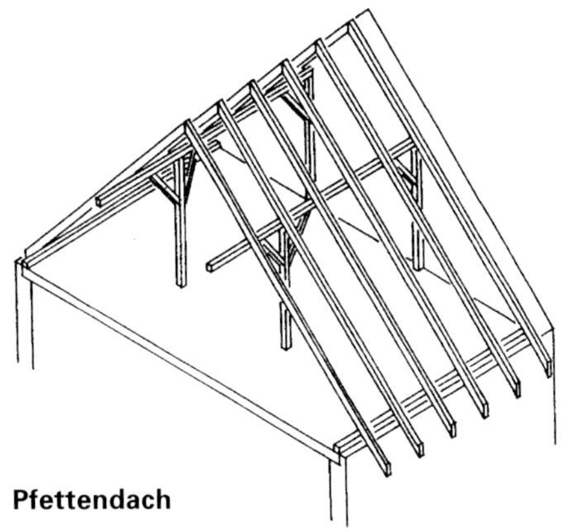
Pfettendach

zweifellos für die Ausbaubarkeit einen großen Vorteil darstellt.

Geeignet ist das Sparrendach nur für geringere Bautiefen und für Dachneigungen zwischen 25° und 60°. Die Konstruktion ist einfach herzustellen, benötigt aber relativ viel Holz. Bei überlangen Sparren steift ein Kehlbalken die Dachkonstruktion unterhalb des Dachfirstes zusätzlich horizontal aus. Dieses konstruktive Element kann in die Gestaltung des Innenraums einbezogen werden.

Beim Pfettendach werden die Dachlasten über die unter den Sparren liegenden Fußpfetten auf die Außenwände, über Mittel- und Firstpfetten auf Stiele oder Binder übertragen. Die Quer- und Längssteifigkeit kann durch Streben, Kopfbänder, Windverbände oder massive Wandscheiben erzielt werden.

Die eingestellten vertikalen Stiele beeinträchtigen je nach Häufigkeit ihrer Anordnung zwar die Nutzung des Dachraums, geben ihm jedoch gleichzeitig eine gewisse Gliederung. Die sichtbare Konstruktion, die im übrigen ideale Festpunkte zum Einbau von Zwischenwänden bietet, kann eine reizvolle Wirkung haben. Da die Sparren bei diesem Tragwerk keine Längskräfte zu übertragen haben, können beliebig viele Sparren für größere Dachflächenfenster oder Ausbauten ausgewechselt werden.

Das Dachgespärre beim Kehlbalkendach wird durch horizontal unterhalb des Firstes verlaufende Holzriegel ausgesteift. Zu unterscheiden sind Kehlbalkendächer mit verschieblichen und unverschieblichen Kehlbalken. Bei dieser Konstruktion hält sich der Holzverbrauch relativ in Grenzen und die Herstellung ist einfach. Aufgrund der fehlenden vertikalen Pfosten und Streben besteht eine gute Ausbaumöglichkeit.

Bei dem Drempel oder Kniestock handelt es sich um eine vertikale Verlängerung der Außenwände, die die gesamte Dachkonstruktion über den Dachfußboden hebt. Die gewonnene Kopfhöhe bewirkt vor allem bei einer schwachen Dachneigung eine günstigere Ausnutzung des Daches. Ein nachträglich eingezogener Kniestock verändert dagegen die Höhe nicht, schafft aber gerade Wandflächen im Innenraum zwischen Decke und Dachschräge.

Dachdeckung

Die Vielfalt an Dachdeckungsmaterialien ist beträchtlich. Entscheidungskriterium für die Auswahl sollte in erster Linie die vorhandene Dachneigung sein, daneben ist natürlich der nachbarschaftliche Baubestand des Hauses zu berücksichtigen.

Das in unseren Breitengeraden verbreitetste Deckmaterial sind Dachziegel bei Dachneigungen von 22° bis 90°. Dachziegel aus gebranntem Ton werden naturrot, engobiert, glasiert und gedämpft in verschiedenen Naturfarben angeboten. Weiterhin sind sogenannte Flach- oder Hohlziegel zu unterscheiden wie Biberschwanz- oder die in Südeuropa häufig verwendeten Mönch-Nonneziegel. Dachsteine werden aus hochverdichtetem

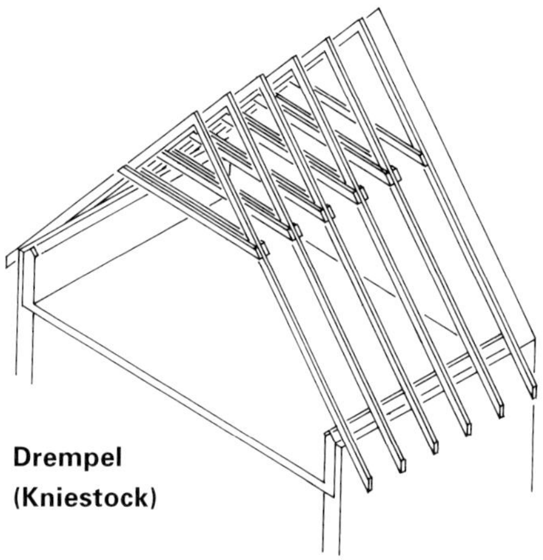

Spezialbeton mit granulierter oder glatter Oberfläche in verschiedenen Formaten und Farben gefertigt.

Die in vielen deutschen Gegenden traditionelle Schieferdeckung zeichnet sich durch Wetter- und Verrottungsfestigkeit, Frost- und Pilzbeständigkeit sowie Nichtbrennbarkeit aus. Bei der Konstruktion sollte ein regen- und flugschneesicheres Unterdach vorgesehen werden. Die Dachdeckung wird auf nagelbarem Untergrund genagelt oder geklammert. Die vielen möglichen Formen, zum Beispiel Bogenschnitte oder Schuppen-Schablonen geben dem Dach ein charakteristisches Aussehen.

Bei Dachneigungen bis zu 35° sind Deckungen aus Metall (Zink, Kupfer, Aluminium- oder Stahlblech) und mit Dachbahnen zum Beispiel aus Teer oder Bitumen geeignet. Holzschindeln aus Zeder, Tanne, Fichte oder Lärche werden bei Dächern mit einer Neigung von 18° bis 45° verwandt. Preisgünstig und mittlerweile auch ästhetisch überzeugender sind Faserzementdachplatten aus Dach-, Well- und Kurzwellplatten in verschiedenen Formen und Farben.

Hergebrachte Rohr-, Schilf- oder Reetdeckungen eignen sich insbesondere bei bis zu 80° geneigten Steildächern, die als Schuppendeckung oder bündel- und lagenweise verlegt werden. Ein spezialisiertes handwerkliches Können ist dabei vonnöten.

Ist bei der Energieversorgung des Hauses der Einsatz von Solarenergie vorgesehen, können die Dachziegel als Träger von Solarzellmodulen dienen, die unsichtbar unter der Dachfläche miteinander verbunden sind. Eine Nachrüstung oder spätere Erweiterung zur Nutzung von Sonnenergie ist problemlos. Sonnenkollektoren werden aufgeständert oder dachflächenintegriert direkt bei der Dachdeckung verlegt. Eindeckrahmen oder -konstruktionen bilden den Übergang der Kollektoren zur normalen Dachdeckung.

Dachneigung und Ausbaubarkeit

Die Neigung der Dachflächen und die Hausbreite entscheiden darüber, ob und in welchem Maße der Dachraum genutzt werden kann. Entsprechend den Regelungen der jeweils geltenden Landesbauordnung muß die lichte Höhe eines Dachbodens mindestens 2,30 Meter über mindestens der Hälfte seiner Grundfläche betragen, ansonsten wird die Genehmigung zum Ausbau eines Daches zu Wohnzwecken nicht erteilt. Je steiler die Dachneigung und je größer die Hausbreite ist, desto größer stellt sich die nutzbare Fläche dar. Dächer mit einer Neigung unterhalb von 35° eignen sich dagegen nicht zum Ausbau.

Bei der DIN-Wohnflächenberechnung für Miete oder Erwerb werden alle Flächen mit einer lichten Raumhöhe von 2,0 Metern vollständig und alle Flächen, bei denen der Abstand vom Boden bis zur Dachschräge zwischen 1,0 und 2,0 Metern liegt, nur zur Hälfte angerechnet.

25 Projekte

Neues Raumgefühl unter der Tonne

Der Weg in den Garten führt über eine kleine Brücke.

Das Haus wird von unten entlang der ursprünglichen Natursteinterrasse erschlossen.

Von der Gartenseite ist nur das Tonnendach sichtbar.

Die besondere Lage – das Haus liegt am Südhang des Schloßberges in Tübingen mit weitem Blick über das Neckartal zur Traufsilhouette der Schwäbischen Alb – und das eingewachsene Grundstück waren die kaufentscheidenden Gründe für die jetzigen Eigentümer. Die vorhandenen Natursteinterrassen weisen noch auf die ursprüngliche Nutzung des überaus steilen Geländes als Weinberg hin, das heute mit freistehenden Einfamilienhäusern aus den 50er Jahren unregelmäßig bebaut ist.
Das Haus selbst, Baujahr 1952 mit einem flach geneigten Satteldach, war durch eine typische Nachkriegsbauweise geprägt – sympathisch unprätentiös, allerdings in einem technisch so schlechten Zustand, daß auch ein Abriß zunächst nicht ausgeschlossen war. Die Bauherren entschlossen sich schließlich, der Idee der Tübinger Architekten Ackermann & Raff zu folgen und das Haus einer grundlegenden, aber behutsamen Sanierung zu unterziehen. Im Hanggeschoß wurden die benötigten zwei Praxen eingerichtet. Der Grundriß blieb dabei im wesentlichen – wie auch im darüberliegenden Erdgeschoß – unberührt. Auf dieser Ebene, dem ehemaligen Wohnbereich, befinden sich heute ein Bad sowie die Schlaf-, Gäste- und Arbeitszimmer der Bewohner.
Die Fulminanz der Entwurfsidee liegt in der Konzeption des Obergeschosses: Aufgrund der flachen Neigung des alten Dachstuhls, der keine vernünftigen Raumproportionen zuließ, wurde das Dach komplett abgerissen.

Die Entwurfsskizze zeigt die besondere Hangsituation des Hauses.

Die Wölbung des Tonnendachs bildet sich auch eindrucksvoll im Inneren ab.

Die Stahlprofile der Tragkonstruktion setzen sich in den Außenraum fort und fassen so die Terrasse ein.

Die offene Küche ist zum Wohnraum lediglich durch einen tiefen Block getrennt.

Statt dessen schufen die Architekten unter einer gewölbten Dachkonstruktion eine großzügige Wohnebene, die Kochen, Essen und Wohnen harmonisch miteinander verbindet. Das Stichbogen-Tonnendach, gefertigt aus vier Stahlrahmen, überspannt jetzt stützenfrei den 60 m² großen Raum über die gesamte Haustiefe. Die damit für diesen Haustyp erreichte ungewöhnliche Raumwirkung wird noch verstärkt durch die nach Süden ausgerichtete und über die ganze Hauslänge verlaufende Dachterrasse. Raumhohe Fenster schaffen hier eine Lichtdurchflutung, die in den Sommermonaten durch Sonnensegel abgeschirmt wird. An der Nordseite befindet sich demgegenüber nur ein schmales Fensterband. Von hier führt als besonderer Einfall ein kleiner Steg vom Dachgeschoß direkt in den Garten.
Mit dem Umbau gelang eine verständige Kombination aus Alt und Neu, die eine spannende Synthese aus der kargen Nüchternheit der 50er Jahre und dem heutigen Bestreben nach neuer Einfachheit darstellt.

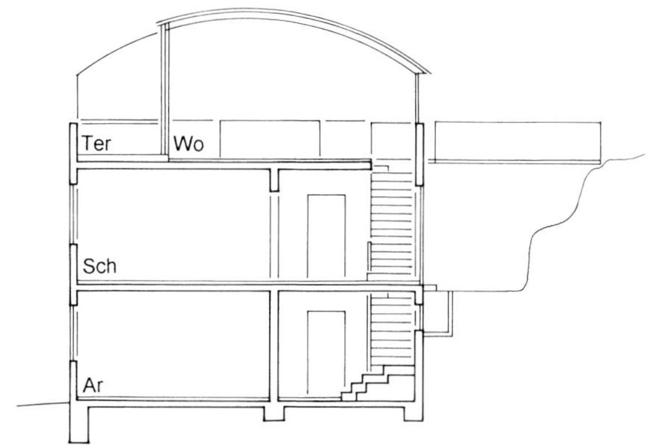

Schnitt

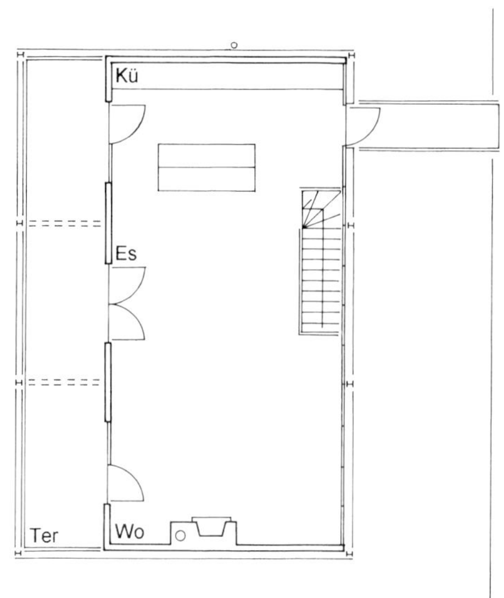

Dachgeschoß

Baudaten

Bestand:	Satteldach
Baujahr:	1952
Anzahl der Bewohner:	2
Wohnfläche vor dem Ausbau:	179 m²
Wohnfläche nach dem Ausbau:	147 m²
darüber hinaus Nutzfläche:	76 m²
Baukosten je m² WF:	DM 2 500,--
Baukosten, gesamt:	DM 560 000,--

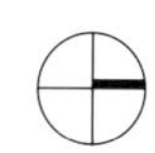

Aufstockung in Konstanz
Architekt: Werner Bäuerle, Konstanz

Ein Bungalow strebt nach oben

Der unprätentiöse Eingang an der Nordseite.

Durch den blau lasierten Pultaufsatz erhält das Haus ein neues Gesicht.

Eine kurzerhand durchgeführte Änderung des Bebauungsplans der Stadt Konstanz machte es möglich: Aufgrund vieler über die Jahre undicht gewordener Flachdächer in einer typischen Wohnsiedlung der 60er Jahre mit eingeschossigen Bungalows wurde es den Eigentümern gestattet, ihre Häuser um ein Geschoß zu erweitern. Damit sollte nicht nur eine dauerhafte Sanierung der problembehafteten Dächer ermöglicht, sondern durch die Aufstockungen auch zusätzlicher Wohnraum geschaffen werden.
Eine sechsköpfige Familie machte sich diese Lockerung der Bauvorschriften zunutze und beauftragte den Konstanzer Architekt Werner Bäuerle mit dem Entwurf und der Planung eines zweiten Geschosses für den Hauptflügel ihres 160 m² großen Winkelbungalows.
Baurechtliche Auflagen bezüglich der Dachneigung von 20°, der Dachform (Pult) und des Materials (Ziegel) waren zu beachten. Eine Ausnahmeregelung erlaubte es den Bauherren aber immerhin, anstelle der eigentlich für dieses Gebiet vorgesehenen Komplettüberdachung mit Pult und Gegenpult die Dachfläche auf dem Nebenflügel jetzt als Dachterrasse anzulegen.
Verwirklicht wurde ein in Teilen vorgefertigter Skelettbau in Holzrahmenbauweise mit einer Wohnfläche von 60 m², in dem sich nunmehr die Zimmer der vier Kinder mit eigenem Bad befinden.
Die Anbindung geschieht über eine filigrane Stahltreppe, die in die Galerie der neuen

Durch den Deckenausschnitt ergibt sich ein großzügiger, zweigeschossiger Eingangsbereich.

Die Ansicht des Hauses vom Garten mit dem übergroßen Dachüberstand.

Ebene mündet. Von hier wird der im Zuge der Dachöffnung entstandene Luftraum über dem Eingangsbereich besonders erlebbar. Das Haus wurde während der vier Monate Bauzeit, die auch die notwendige Umgestaltung des Erd- und Untergeschosses einschloß, von der Familie durchgehend bewohnt. Aufgrund des damit verbundenen Zeitdrucks erfolgte der Umbau in Trockenbauweise. Die sowohl an der unteren als auch oberen Seite des Pultdaches eingefügten Oberlichter und die graphische Anordnung der hochformatigen Fensterflächen machen aus dem ehemals gedrungenen Baukörper ein luftiges Gebäude, das auf einem kompakten Sockel thront.

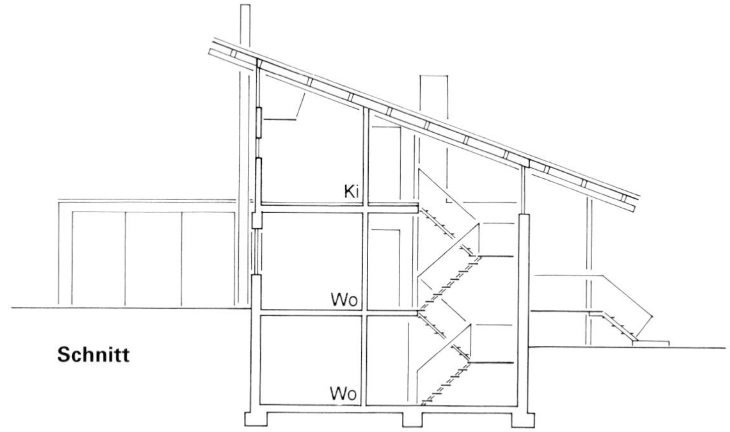

Schnitt

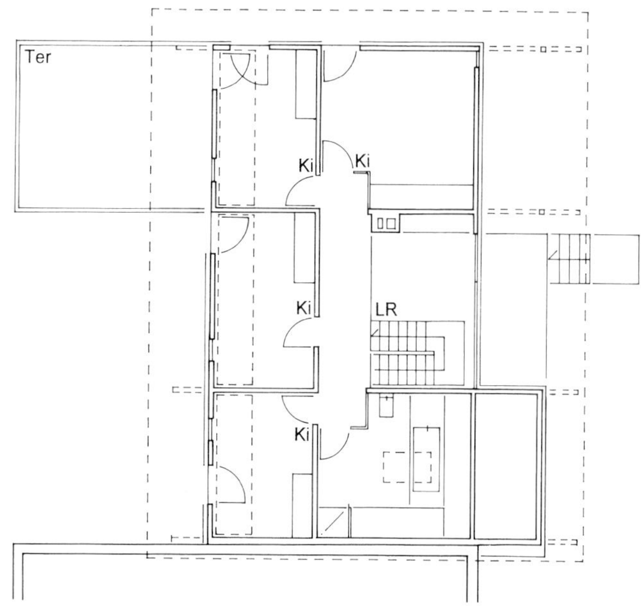

Dachgeschoß

Baudaten

Bestand:	Flachdach
Baujahr:	1965
Anzahl der Bewohner:	6
Wohnfläche incl. Einlieger	
vor dem Ausbau:	160 m²
nach dem Ausbau:	220 m²
darüber hinaus Nutzfläche:	53 m²
Baukosten, gesamt:	DM 420 000,--

Dachausbau in Höchst/Odenwald
Architekten: Beckenhaub & Hohm,
Bad König

Die Vertikale als Entwurfsprinzip

Der triste Zustand des Gebäudes vor dem Umbau.

Die neue Stahlkonstruktion dient der Lastabtragung der eingehängten Balkone.

Zwei Ziele wollten die Eigentümer mit dem Aus- und Umbau ihres im Jahr 1900 gebauten Einfamilienhauses erreichen: Zum einen sollte das durch frühere Eingriffe der Vorbesitzer stark veränderte und in Teilen verbaute Haus durch geeignete Maßnahmen wieder seine ursprüngliche Attraktivität und Proportionalität zurückerlangen. Zum anderen sollte das stark sanierungsbedürftige Ober- und Dachgeschoß in eine zusätzliche, großzügige Dachwohnung umgewandelt werden. Aufgrund denkmalpflegerischer Vorgaben durfte der äußerliche Charakter des Hauses vor allem an den drei Ziegelfassaden nicht modifiziert werden.
An der am stärksten entstellten Südseite wurde der Eingang des Hauses neu konzipiert, so daß aufgrund des dadurch gewonnenen Platzes die Wohnbereiche der zwei Hauptgeschosse großflächig verglast werden konnten. Ein vorgelagertes Stahlgerüst trägt die neuen Balkone im Erd- und Obergeschoß.
Das Dach blieb als Krüppelwalmdach erhalten. Die große Schleppgaube, die sich ursprünglich über dem Treppenhaus befand, konnte beseitigt und die ehemals uneinheitliche Dachfläche damit begradigt und optisch beruhigt werden. Die Erschließung des Dachgeschosses und des kleinen Spitzbodens erfolgt nun intern, also vom Obergeschoß aus.
Im Inneren strukturierten die Architekten die Räume völlig neu. Dazu wurden die zu modernisierenden Geschosse zunächst bis auf die Tragkonstruktion entkernt, um dann

Die Qualität der Umgestaltung zeigt sich in der überall erlebbaren Zweigeschossigkeit.

Die freigelegten alten Balken und die alte Ziegelwand bilden einen reizvollen Kontrast zu den neuen Einbauten aus Stahl und weißem Putz.

unter teilweiser Verwendung von Ersatzkonstruktionen (Stahl, Holz) neu gegliedert zu werden. In diesem Zuge wurden die vorhandenen Holzbalkendecken in Teilbereichen freigelegt, was in sehr gelungener Weise zu Sichtbeziehungen und Verknüpfungen der einzelnen Geschosse führt. So ist die Blickrichtung des Betrachters immer auch vertikal orientiert, wodurch der Entwurf sein prägendes Motiv erhält. Verstärkt wird dieser Eindruck auch durch die feine Ausgestaltung der internen Treppen: Sowohl die Stahl-Spindeltreppe, die sich mit ihrer Verkleidung aus Aluminium-Lochblechen wie eine Tonne durch die Decke stanzt, als auch die kleine Leiter, die durch ein geheimnisvolles Loch auf den Spielboden führt, fordern zum Begehen und Erkunden auf.

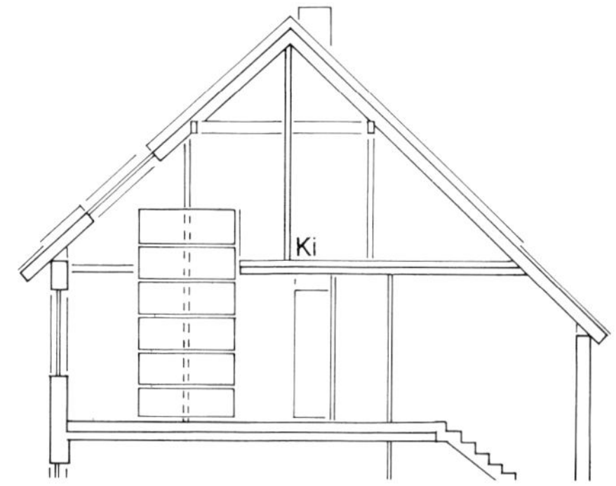

Schnitt

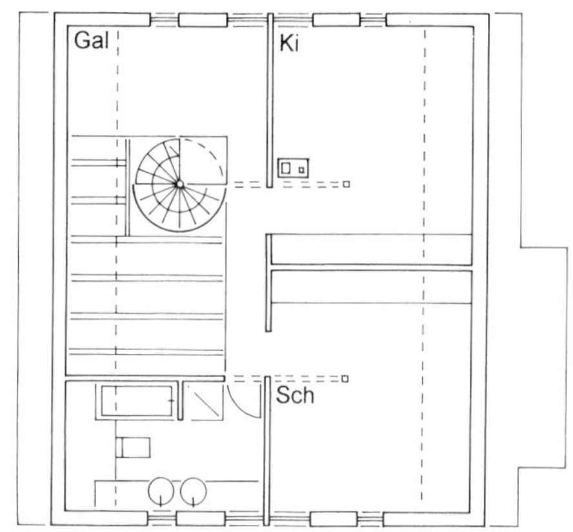

Dachgeschoß

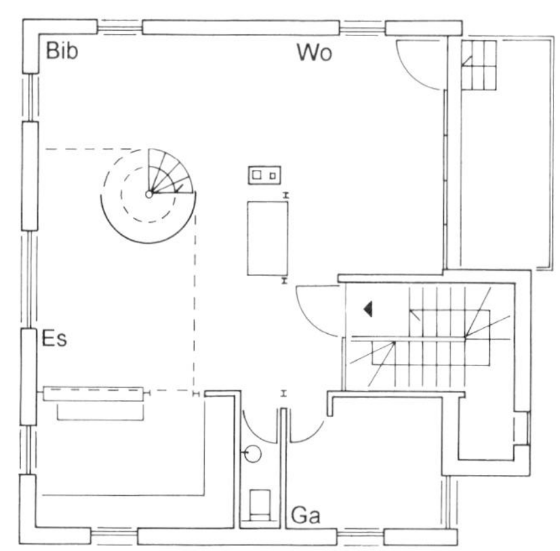

Obergeschoß

Baudaten

Bestand:	Krüppel-Walmdach
Baujahr:	1900
Anzahl der Bewohner:	3
Wohnfläche vor dem Ausbau:	98 m²
Wohnfläche nach dem Ausbau:	120 m²
darüber hinaus Nutzfläche:	65 m² im KG
Baukosten je m² WF:	DM 2 330,--
Baukosten, gesamt:	DM 280 000,--
Eigenleistung:	DM 30 000,--

Dachausbau in Herzebrock-Clarholz
Architekt: Frank F. Drewes,
Herzebrock-Clarholz / San Francisco

Großstadtarchitektur für die Kleinstadt

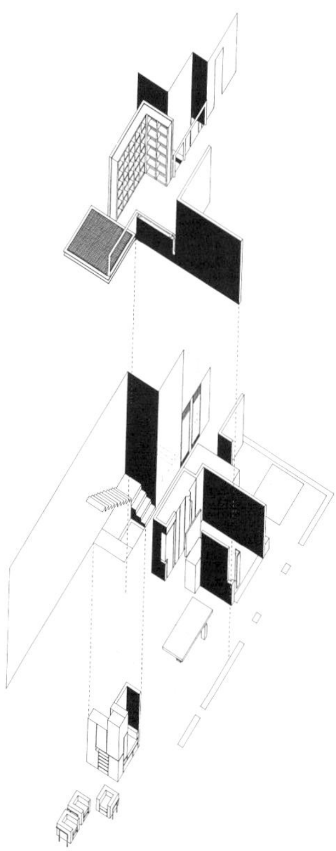

Die Struktur der Wohnung in einer sogenannten Explosionszeichnung.

Durch den eingeschnittenen Luftraum ergibt sich vom Wohnraum aus ein Blick nach oben in die Bibliothek.

Der zwischen San Francisco und seinem westfälischen Geburtsort pendelnde Architekt Frank Drewes schuf sich in den obersten drei Geschossen eines typischen kleinstädtischen Wohn- und Geschäftshauses (siehe auch nächstes Projekt) ein konsequent auf seine persönlichen Wohnbedürfnisse zugeschnittenes Refugium. Offenheit, Klarheit und Ordnung waren dabei planerische Prinzipien. Aus tiefer Abneigung gegen kleingliedrige, verschachtelte Wohnungen mit Zimmern, »die nichts voneinander wissen«, entstand ein offenes, lichtes Raumgefüge über zwei Ebenen, das bereits beim Betreten der Wohnung als Ganzes erfahrbar wird. Geleitet durch die Halogenbeleuchtung an der über die zwei Geschosse reichenden Flurwand führt der Blick nach oben. Der schmale Flur, ehemals ein dunkler Schlauch, wirkt nun wie eine hohe Schlucht, in die von oben Sonnenlicht einfällt. Die in die zweite Ebene führende schmale Treppe gewinnt durch die eingelassene Schattenfuge eine fast schwebende Wirkung.
Im unteren Geschoß befinden sich Wohn- und Eßbereich, Küche und Bad mit angegliedertem Gäste-WC, während die obere Ebene mit offener Galerie eine Bibliothek, das Schlafzimmer und ein Arbeits- und Gästezimmer mit zusätzlichem Bad beherbergt. Hinter der Bibliothek blieb das vorhandene Dachlabyrinth unausgebaut und dient im Sommer als Weg über zwei enge Treppen zum holzumrandeten Sonnendeck. Bei der Innengestaltung zeigt sich die kompromiß-

Der Entwurf zeichnet sich durch die beeindruckende Detaillierung aus, die bis zu den individuell angefertigten Einbauten und den ausgesuchten Möbelstücken reicht.

lose Verbindung von Architektur und Möblierung. Hohe Einbauschränke aus lichtgrauer Esche lassen Alltagsgegenstände verschwinden und übernehmen gleichzeitig eine raumgliedernde Funktion.
Türen, außer zu Bädern und WC, gibt es nicht, anstelle dessen raumhohe Schwingpaneele, die mit den Wänden abschließen. Durch die einheitlich gewählte Oberfläche, die selbst die in der Küche eingebaute Arbeitsplatte einschließt, ergibt sich so ein homogenes Gesamtbild, in dem sichtbare Beschläge, Griffe und Klinken gänzlich durch versteckte ersetzt wurden.
Für eine ausreichende Beleuchtung mit Tageslicht auf allen Ebenen sorgen bodentiefe Fenster. Über dem Wohnraum wurde auf Decken verzichtet, hier verlaufen lediglich verkleidete Stahlträger. Direkt über der Sitzecke wurde der Steg zur Galerie als Gitterrost gestaltet, der zusätzlich Licht von oben einfallen läßt.

Baudaten

Bestand:	Satteldach
Baujahr:	1929
Anzahl der Bewohner:	1
Wohnfläche vor dem Ausbau:	0 m²
Wohnfläche nach dem Ausbau:	120 m²
darüber hinaus Nutzfläche:	20 m²
Baukosten:	keine Angaben
Baukosten, gesamt:	keine Angaben

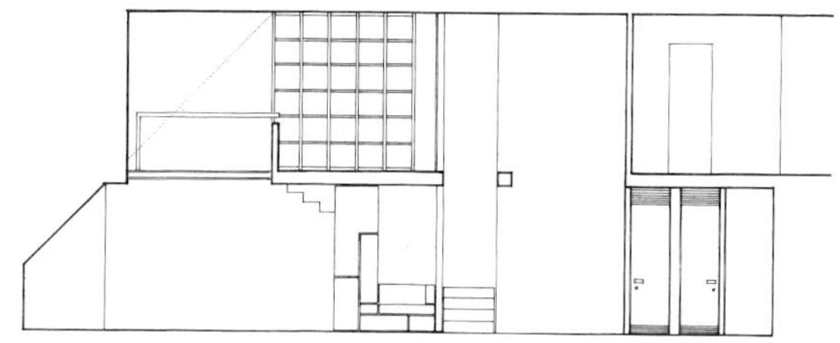

Schnitt

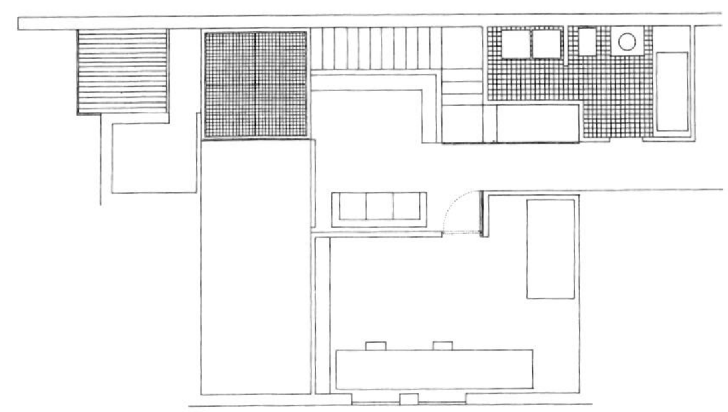

Dachgeschoß

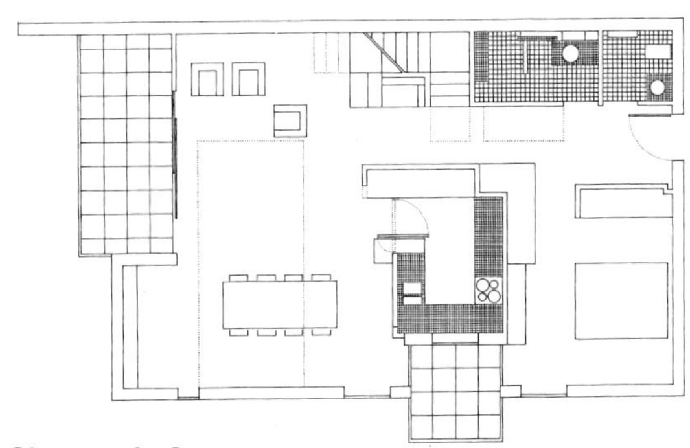

Obergeschoß

Dachausbau in Herzebrock-Clarholz
Architekt: Frank F. Drewes, Herzebrock-Clarholz / San Francisco

Man sieht's ihm nicht von außen an

Durch die verschiedenen Umbauten ist das Alter des Hauses von 70 Jahren kaum noch erkennbar.

Der Wechsel im Bodenbelag und die Scheinwerfertraverse markieren das Herz der Wohnung – den Eßplatz.

Wie das Projekt zuvor befindet sich auch dieser Dachausbau in dem 1929 entstandenen Wohn- und Geschäftshaus in einer westfälischen Kleinstadt.
Wunsch der Auftraggeber war auch hier eine offene, lichte und eher minimalistische Wohnung, die vor allem dem Abschalten und der Erholung dienen sollte. Eine Wohnung, die neben einem Raum für Ruhe und Entspannung auch eine Atmosphäre für schöpferische Arbeit bietet.
In dem Architekten Frank Drewes, in dessen Entwürfen Architektur und Innenarchitektur – entgegen der häufig verbreiteten unsinnigen Trennung – programmatisch miteinander verbunden sind, fanden die Vorstellungen der Bauherren ihre Entsprechung.
So bilden die wenigen ausgesuchten und für die Wohnung maßgeschneiderten Möbel eine geschlossene Einheit und sind nicht beliebig austauschbar.
Um die nötige gestalterische Freiheit zu erreichen, mußte der Bestand zunächst komplett entkernt werden. Von außen sind lediglich zwei neue zinkblechbekleidete Ausbauten mit kleinen Balkonen und ein schmales Fensterband wahrzunehmen, das das Dach vom First bis zur Traufe einmal durchschneidet und somit optisch vom Nachbarhaus trennt.
Innen ist der Raum völlig offen. Damit das Licht tief in alle Winkel der Wohnung einfallen kann, wurden nur wenige Bereiche von den anderen durch Wände getrennt. Das Zentrum und den Hauptaufenthaltsbereich

Der Kamin.

Die geschwungene, lackierte Wandscheibe bildet sich auch im Treppenhaus ab.

Strenge hölzerne Wandpaneele bilden einen graphischen Hintergrund für den Eßplatz.

der Wohnung bildet der Eßraum, der durch den Wechsel des Bodenbelags von Holz zu Naturstein (belgischer Granit) und die größere Deckenhöhe deutlich markiert wird. Hier steht ein 2,80 m langer Tisch für bis zu acht Personen.
Der Lese- und Fernsehplatz und die kleine Sitzgruppe vor dem offenen Kamin ergänzen diesen Bereich zum zentralen Allraum der Wohnung.
Anstelle offener Regale oder Anrichten wurden großzügige Wandschränke integriert, um die angesprochene beruhigende Wirkung zu erzeugen.
Wichtiges raumgestaltendes Element ist eine geschwungene Wand, die den Wohnraum vom Eingangsbereich trennt. Diese dynamische Welle wird nur durch eine sandgestrahlte Glasfuge und eine Schiebetür gehalten und gibt dem Raum spürbare Spannung. Stützen, Schornstein und Welle wurden farbig hochglanzlackiert, Stahlteile sandgestrahlt und zapponiert. Als Kontrast dazu geben die gebleichten Ahornmöbel und der Eichendielenboden dem Ganzen eine warme und weiche Farblichtstimmung. Die Auftraggeber – ihrerseits Fotografen – legten besonderes Augenmerk auf die Be- und Ausleuchtung der Wohnung bei Tag und am Abend. Diese findet im wesentlichen über Downlights statt, über dem Eßtisch befinden sich dagegen vier große Spotlights – als Referenz an die Bauherren.

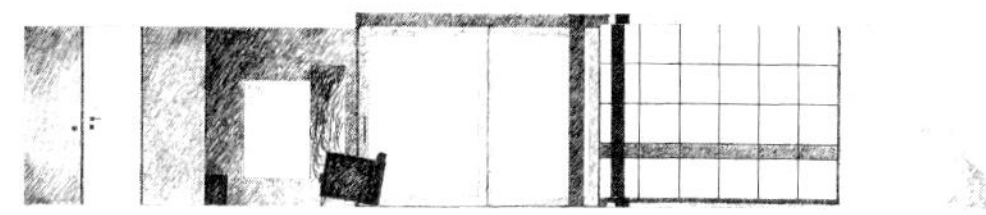

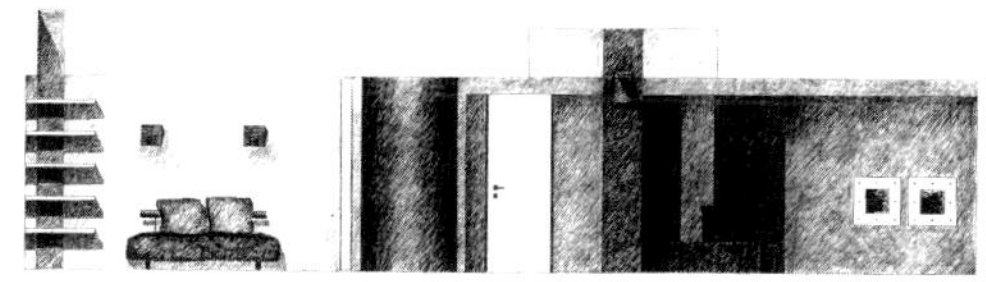

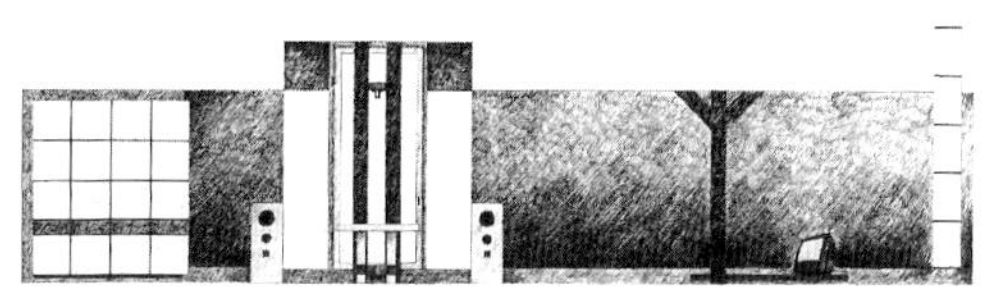

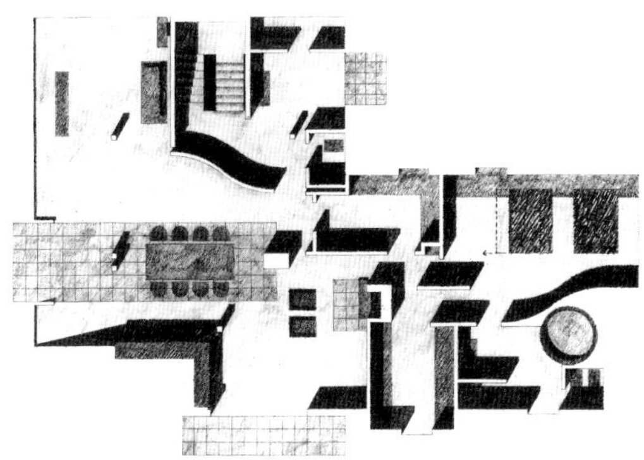

Baudaten

Bestand:	Satteldach
Baujahr:	1929
Anzahl der Bewohner:	2
Wohnfläche vor dem Ausbau:	106 m^2
Wohnfläche nach dem Ausbau:	155 m^2
Baukosten:	keine Angaben
Baukosten, gesamt:	keine Angaben

Dachausbau in Frankfurt am Main
Architekten: Frick & Reichert,
Frankfurt am Main

Lineares Wohnen

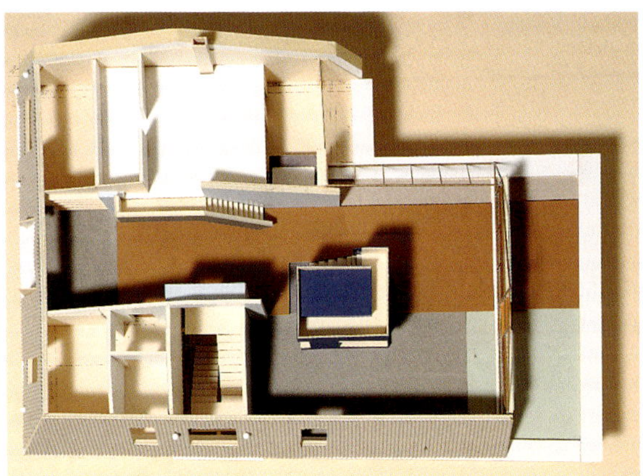

Das Modell des Ausbaus – eine wichtige Hilfe für alle Projektbeteiligten.

Das stimmungsvoll beleuchtete Dachgeschoß vor der Frankfurter Hochhauskulisse.

Der Dachstuhl des Ende des 19. Jahrhunderts im Frankfurter Westend in spätklassizistischer Formensprache erbauten, viergeschossigen Wohnhauses war während des Zweiten Weltkriegs vollständig zerstört worden. Im Zuge des Wiederaufbaus wurde das flachgeneigte Mansardgeschoß nur notdürftig zu einer kleinen Wohnung ausgebaut.
Im Jahr 1993 entschieden sich die Eigentümer, das bis dahin vorwiegend als Bürohaus genutzte Gebäude in ein reines Wohnhaus – aufgeteilt in einzelne Wohneinheiten – umzuwandeln.
Um das Dachgeschoß als adäquate Wohnung nutzen zu können, bestand ein erheblicher Umbaubedarf.
Die statische Untersuchung, die am Anfang der Grundlagenermittlung stand, ergab, daß die vorhandene Geschoßdecke – wie so häufig – für die geplante Nutzung nicht ausreichend dimensioniert war. Die marode Holzkonstruktion des Tragwerks und die darüber hinaus vorgefundene Deckung aus Asbestplatten zwangen zu durchgreifenden Maßnahmen, in deren Verlauf die gesamte Dachkonstruktion abgetragen und entsorgt werden mußte. Mit den von der Behörde auferlegten Brandschutzbestimmungen, der vorgegebenen Nichtvollgeschossigkeit sowie den stadtplanerischen Restriktionen bezüglich der Fassadengestaltung waren dies somit die engen Vorgaben für den Entwurf dieses Dachausbaus mit einem Volumen von circa 1000 m^3. Die eingeschalteten Architekten fanden in dem Bauherrn einen verständigen

Die durch den Fahrstuhl / Bücherturm geschickt getrennte Profiküche in Edelstahl.

Der ausgewogene Farb- und Materialkanon mit dunklem Merbau-Parkettboden, blauem Bücherturm, Betontreppe und weißen Wandflächen.

und experimentierfreudigen Partner, der von ihrer vorgeschlagenen Lösung nicht lange überzeugt werden mußte, sondern das von den Planern als »Lineares Wohnen« bezeichnete Konzept mit viel Enthusiasmus aufnahm.
Zentrale Entwurfsidee ist die gelungene Inszenierung von Raum- und Blickachsen. Durch eine durchdachte Schwerpunktsetzung erreicht die freie und offene Wohnform gleichwohl eine nutzungsgerechte Untergliederung in öffentliche, halböffentliche und intime Bereiche.
Dabei bildet die 23 m lange Raumachse im übertragenen Sinne das Rückgrat der Wohnung. Der durch eine Lichtfuge betonte Bücherturm, der die letzte Station des frei im Dachraum stehenden Fahrstuhls umkleidet, hingegen das Herz.
Die private Zone mit Ankleide- und Schlafzimmer wurde durch einen bewußt schmalen Flur mit dem Bad- und Saunabereich verbunden. Dagegen bilden die Einheit Garderobe, Gästezimmer und Gästebad sowie die offene Küche mit Eßbereich die halböffentliche Zone. Der öffentliche Bereich ist durch Material (Schiffsbodenparkett aus Merbau / Terezia) und Höhe (16 cm Doppelboden) akzentuiert und durch ein indirektes Beleuchtungskonzept von den anderen Bereichen wortwörtlich abgehoben.
Das Durchstecken der großen Terrasse erlaubt das Wohnen bis in den Außenbereich.

Baudaten

Bestand:	Mansarddach
Baujahr:	1890
Anzahl der Bewohner:	2
Wohnfläche vor dem Ausbau:	130 m^2
Wohnfläche nach dem Ausbau:	265 m^2
darüber hinaus Nutzfläche:	Kellerräume
Baukosten je m^2 WF:	DM 3 700,--
Baukosten, gesamt:	DM 980 000,--

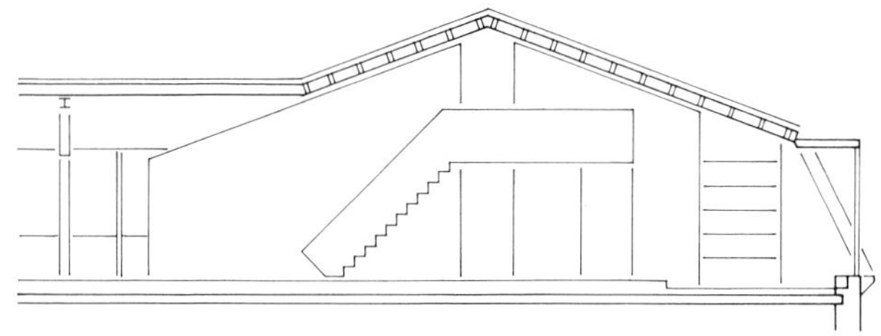

Schnitt

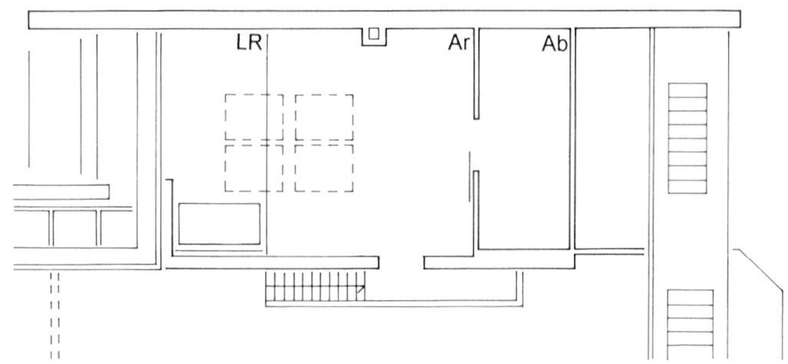

Dachgeschoß

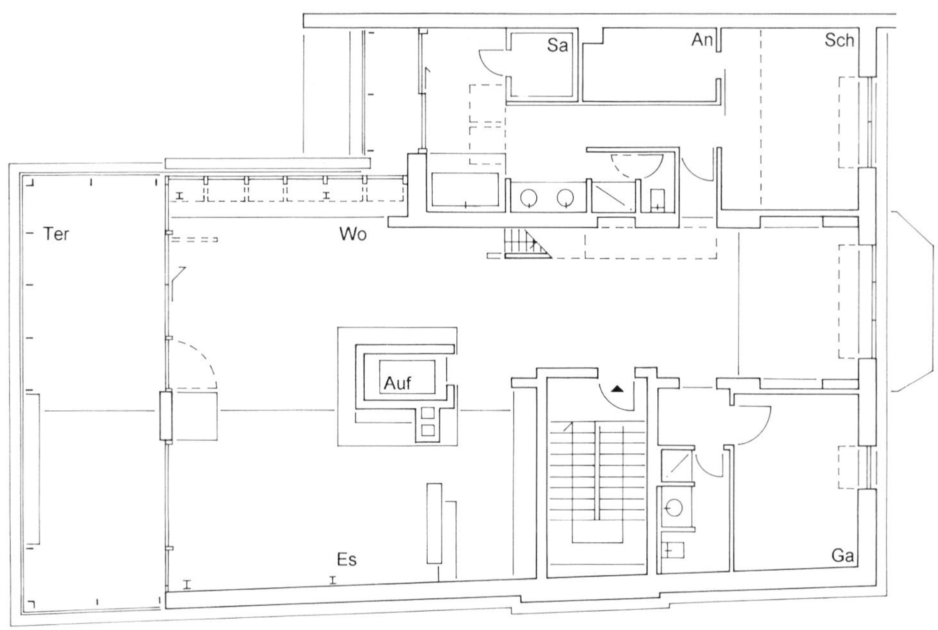

Obergeschoß

Der Trick mit der Treppe

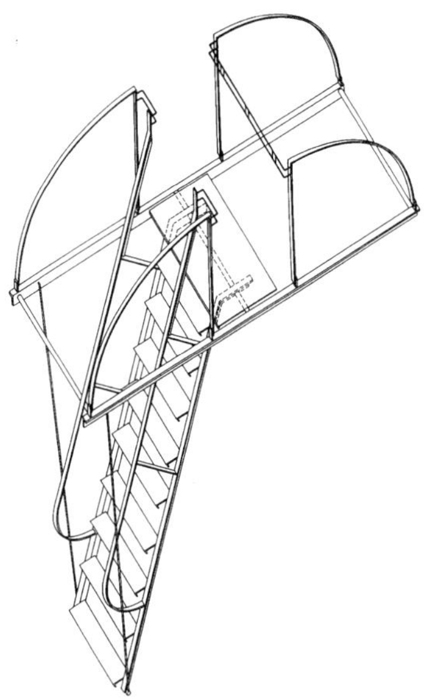

Die kleine Stahlstiege in der Isometrie.

Der gemütliche Schlafraum im Spitzboden mit Zeltcharakter.

Im Karlsruher Stadtteil Durlach findet sich noch eine beachtliche Anzahl gut erhaltener Fachwerkbauten.
Im Zusammenhang mit der Gesamtsanierung eines 200 Jahre alten Hauses sollte eine 65 m² große Dachwohnung in den bis dahin unausgebauten Dachstuhl eingebaut werden. Ziel der Eigentümer war es, mit möglichst geringem baulichen und somit auch finanziellen Aufwand eine architektonisch anspruchsvolle Wohnlösung zu realisieren, die trotz der geringen Fläche eine gewisse Weitläufigkeit ausstrahlen sollte.
Der eingeschaltete Architekt plante den Grundriß so, daß durch eine geschickte Zonierung die unterschiedlichen Wohnfunktionen mit Ausnahme des Bades in einem Raum Platz finden konnten. Zwar verfügt die Küche über Wände, die Löcher darin ermöglichen aber eine gewissermaßen kontrollierte Zugehörigkeit zu den anderen Bereichen.
Der vorhandene Spitzboden wurde in das Planungskonzept integriert und dient jetzt als gemütliche Schlafgalerie, die über ein Dachflächenfenster und zwei kleine Gauben belichtet und belüftet wird. Die Gauben spenden dem darunterliegenden Hauptraum zusätzlich Licht von oben. Erschlossen wird die Schlafgalerie über eine steile Treppe aus Stahl, die an die Holzkonstruktion des Daches angehängt wird. Wirkungsvoller Trick dabei ist die eingebaute Möglichkeit, die Treppe komplett mit Austrittsplattform und Geländer umhängen zu können – je nach-

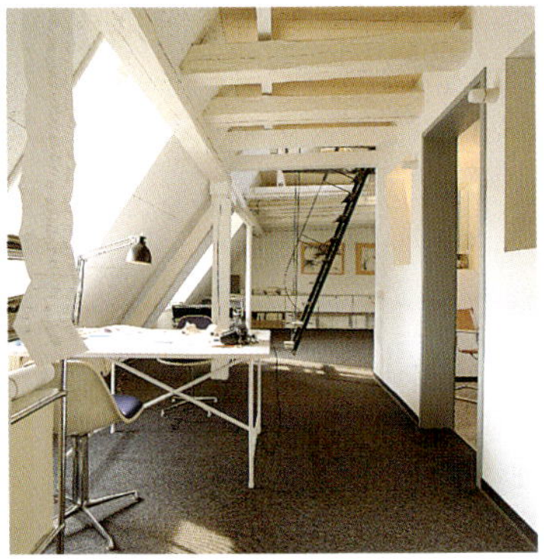

Blick durch die Wohnung. Im Vordergrund der kleine Arbeitsplatz.

Optisch interessante Einschnitte schaffen Blickbeziehungen zwischen Küche und Wohnraum.

Für diesen Low-Budget-Umbau wurden Heraklith-Platten als Innenverkleidung unter den Sparren verwandt.

dem, welche Antrittsrichtung der Bewohner wünscht.
Da glücklicherweise bei der vor Beginn der Planung durchgeführten Bestandsaufnahme des Dachstuhls keine gravierenden Schäden an den Holzteilen entdeckt worden waren, konnte der alte Dachstuhl erhalten und in seiner Konstruktion sicht- und erlebbar bleiben. Zwischen die Sparren wurde eine Dämmung eingebracht, die innenraumseitig mit weißgestrichenen Holzwolle-Leichtbauplatten (Heraklith) verkleidet wurde. Nur der unebene Boden mußte ausgeglichen werden, der gleichzeitig eine Trittschalldämmung unter dem neuen Estrich erhielt.
Auf die Verwendung ökologisch unbedenklicher Materialien wurde von Seiten des Bauherrn großer Wert gelegt, was unter anderem den Ziegenhaarteppich als Bodenbelag erklärt. Beheizt wird die Wohnung heute über eine Gasetagenheizung, die sich über dem Bad raumsparend in einer kleinen Abstellkammer im Spitzboden befindet.

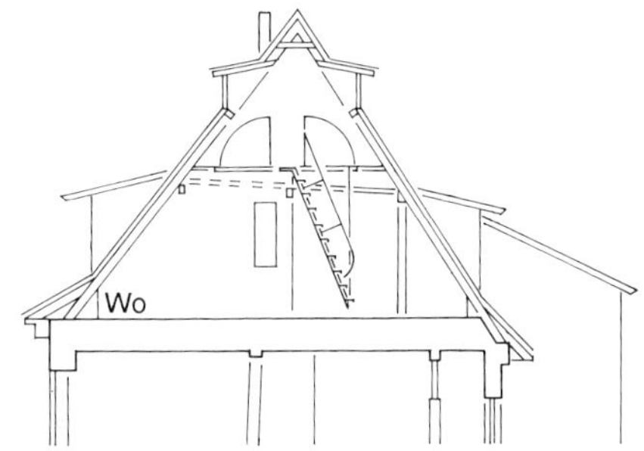

Schnitt

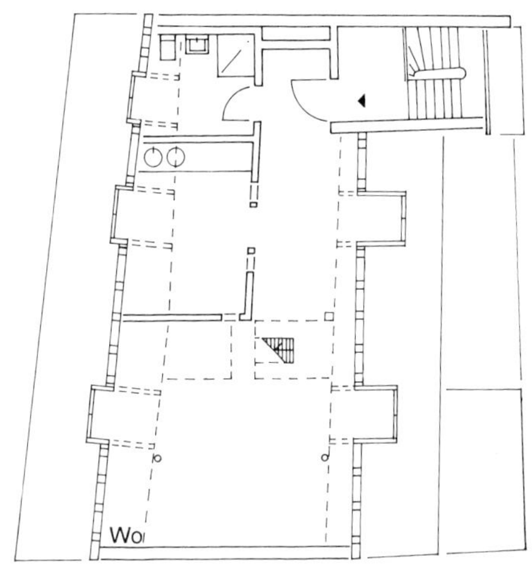

Dachgeschoß

Baudaten

Bestand:	Satteldach
Baujahr:	1800
Anzahl der Bewohner:	1
Wohnfläche vor dem Ausbau:	0 m^2
Wohnfläche nach dem Ausbau:	65 m^2
Baukosten gesamt:	DM 150 000,--

Aufstockung in München
Architekten: Hild & K., München

Living in a Box

Aus dem eingewachsenen Grundstück erhebt sich der schimmernde Kubus wie ein Baumhaus.

Der in den sechziger Jahren gebaute Bungalow in Obermenzing sollte um ein Geschoß erweitert werden. Bauherren und Architekten beschritten dazu entgegen üblichen Ausbaulösungen eher einen radikalen Weg. Aus einem eingeschossigen, geduckten Baukörper entstand ein zweigeschossiges, erwachsenes Haus, das nicht nur durch seinen Größenzuwachs, sondern vor allem durch das gewählte Fassadenmaterial besonderes Selbstbewußtsein entwickelt.

Idee war ein aufgesetztes metallenes Duplikat des bestehenden Gebäudes.

Wegen der nur begrenzten Belastbarkeit der Fundamente planten die Architekten die Aufstockung als Leichtkonstruktion in Holzrahmenbauweise.

Seine bestechende Optik erhält die neue Box durch die auf die Unterkonstruktion aufgenieteten, bis zu sechs Meter langen Aluminiumtafeln, die das Holzständerwerk als äußere Hülle ummanteln. Dabei wurden die Platten an den Fassadenecken nicht einfach stumpf gestoßen, sondern um 90° geknickt, wodurch der Eindruck entsteht, als würden die Aluminiumbänder die Aufstockung umwickeln.

Silberschimmernd erhebt sich nun die Kiste über dem geputzten Sockel, ohne daß die Aufstockung jedoch als Fremdkörper wirkt – im Gegenteil. Vielmehr wird der bestehende Flachdachbungalow durch den baulichen Eingriff völlig neu interpretiert und bildet zusammen mit dem Neugeschoß eine überraschend selbstverständliche Einheit.

21
Fasanenstr

Um die Ecken geführte Fensterbänder mit festen Elementen geben den Innenräumen eine zweiseitige Orientierung.

Der Grundriß der Aufstockung folgt im wesentlichen dem vorhandenen Erdgeschoß. Den Erfordernissen des Bestandes und den Wünschen der Bauherren entsprechend teilt sich die neu gewonnene Wohnfläche in einen separaten Schlafbereich und einen offenen Wohnbereich mit Bibliothek und Arbeitszimmer.
Die ungenügende Belichtung des Altbaus hatte bei den Bauherren die Forderung nach wesentlich größeren Fensterflächen für die Aufstockung entstehen lassen. Diesem Wunsch wurde mit einer besonderen Fenstergraphik begegnet. Neben den Öffnungsflügeln, die sich in ihren Proportionen auf die Fenster des Bestandes beziehen, befinden sich festverglaste Elemente, die analog dem Entwurfsmotiv des umwickelten Körpers jeweils an den Gebäudeecken angeordnet sind und den hier liegenden Zimmern mehr Licht und eine zweiseitige Orientierung bieten. Die zurückgesetzten Fenster wechseln mit der fassadenbündigen Festverglasung.
Die naturbelassenen Fensterstöcke aus Lärchenholz, die Festverglasung und die Aluminiumplatten liegen allesamt in einer Ebene, so daß sich ein geschlossener, einheitlicher Kubus ergibt, dessen Spiegelungen und Überlagerungen zu einem interessanten und verwirrenden Spiel von Licht und Reflexion führen.

Baudaten

Bestand:	Flachdach
Baujahr:	1967
Anzahl der Bewohner:	2
Wohnfläche vor dem Ausbau:	125 m²
Wohnfläche nach dem Ausbau:	250 m²
darüber hinaus Nutzfläche:	20 m²
Baukosten:	keine Angaben

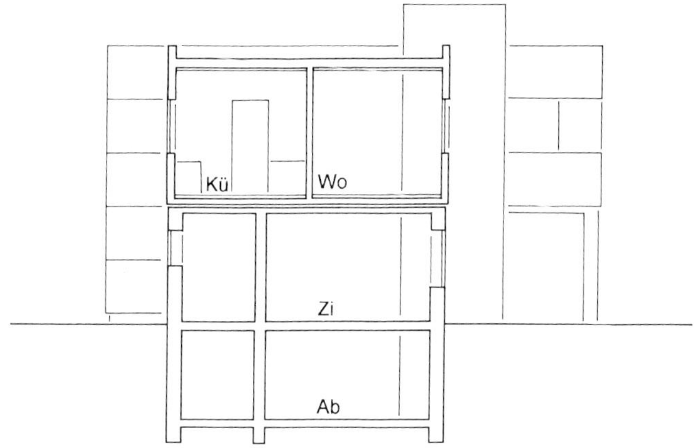

Schnitt

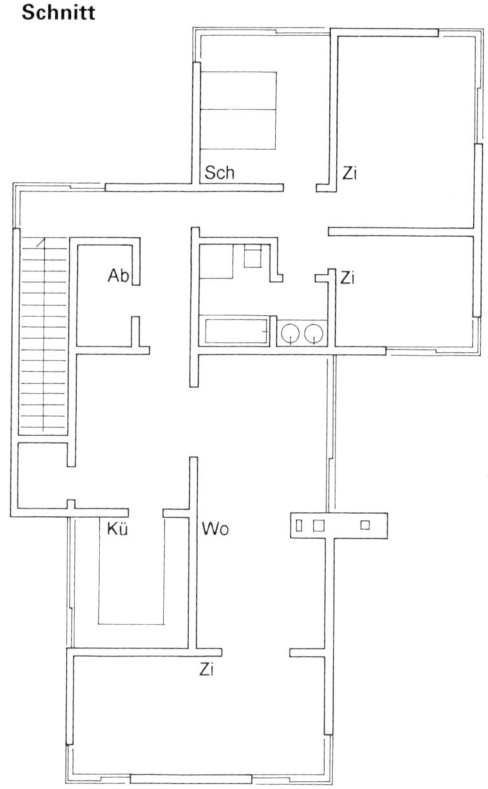

Dachgeschoß

Mystische Altstadt-Laterne

Das unscheinbare Wohnhaus vor dem Umbau.

Bei dem umzubauenden Altbau handelte es sich um ein schmales, verputztes Fachwerkhaus aus dem Jahr 1844 mit flach geneigtem Satteldach, das aufgrund seiner Lage inmitten der engen Altstadt von Eichstätt/Bayern nur unzureichend belichtet werden konnte. Die Eigentümer beauftragten daher die Architekten Hild & Kaltwasser mit der Aufstockung des Hauses auf die Höhe des angrenzenden Nachbarhauses.
Das planerische Konzept bestand darin, für das neu zu errichtende Geschoß eine optimale Lichtausbeute unter Wahrung geltender denkmalpflegerischer Bestimmungen zu erreichen. Bauherren und Architekten entschieden sich für eine sehr eigenwillige Lösung: ein vorgefertigter Dachaufsatz mit einer halbdurchsichtigen umlaufenden Außenverkleidung.
Dessen Stahlkonstruktion wurde zunächst komplett in der Werkstatt des Metallbauers gefertigt und in vier Teilen per Kran auf das bestehende Gebäude montiert.
Mit Ausnahme der klarverglasten Terrassenseite mit reizvollem Blick auf die nahegelegene Altmühl sind rundum die Ständer mit Paneelen aus transluzenter Wärmedämmung, sogenannten TWD-Systemen, ausgefacht, die für eine gleichmäßige und blendfreie Belichtung sorgen. Aufgrund der guten Dämmeigenschaften dieses Materials wird eine energetisch optimale Wärmeausbeute erzielt. Darüber hinaus kann in den Übergangszeiten anfallende Immissionswärme zusätzlich genutzt werden.

Die Aufstockung bei Tag. Nachts kehrt sich die Lichtwirkung um, und der aufgesetzte Kubus beginnt zu leuchten.

Die sichtbare Tragkonstruktion und die regelmäßigen, transluzenten Paneele geben dem Innenraum eine gleichmäßige Struktur.

Die gesamte Fassade der Aufstockung ist mit Lochblechelementen aus Titanzink verkleidet. Sie wirkt von außen geschlossen, im Inneren jedoch schränkt sie wie ein textiler Schleier das durch die TWD-Elemente gedämpft einfallende Tageslicht kaum ein. Erzeugt wird damit eine introvertierte, fast kontemplative Stimmung in dem als Wohnzimmer genutzten Raum, der nur durch Reispapierwände begrenzt zu sein scheint.
Bei Dunkelheit kehrt sich diese Lichtwirkung um und streut die Innenbeleuchtung wie eine glimmende Laterne nach außen in die Altstadtgasse. Dieser Entwurf unternimmt erst gar nicht den Versuch, eine versöhnliche Verbindung zwischen Bestand und Neugeschoß zu finden. So wurde der Altbau lediglich saniert, im übrigen aber, einschließlich der unveränderten Giebelseite, in seinem ursprünglichen Zustand belassen, aus dem sich nun der neue Baukörper nach oben herauszuschälen scheint.

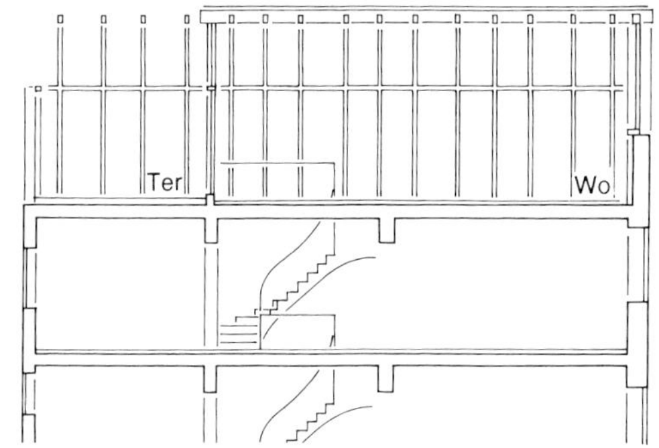

Schnitt

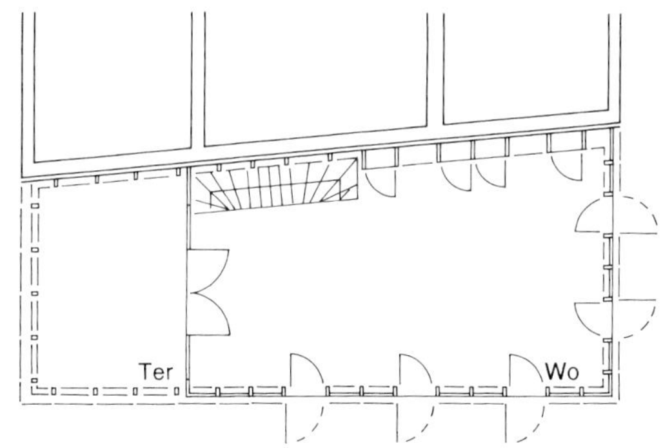

Dachgeschoß

Baudaten

Bestand:	Satteldach
Baujahr:	1995
Anzahl der Bewohner:	2
Wohnfläche vor dem Ausbau:	200 m^2
Wohnfläche nach dem Ausbau:	240 m^2
Baukosten:	keine Angaben

Lohn der Eigenleistung

Der Wintergarten, von der Hofseite aus gesehen.

Der Wohnraum im unteren Mansardgeschoß mit der mühevoll freigelegten alten Ziegelwand.

In einem 1911 erbauten, denkmalgeschützten Münchener Mehrfamilienhaus erwarb eine vierköpfige Familie eine Zweizimmer-Mansardwohnung einschließlich der darüberliegenden nichtausgebauten Dachfläche. Der Aus- und Umbau erfolgte im Zuge der Sanierung des gesamten Hauses und des Daches. Allein der Umbau der bestehenden Wohnung erforderte bereits umfassende Baumaßnahmen. Der sich anschließende Ausbau der brachliegenden oberen Ebene war mit einigen Hürden verbunden, die zunächst überwunden werden mußten.
Im Baugenehmigungsverfahren waren zahlreiche Auflagen der Denkmalschutzbehörde zu beachten und zu erfüllen. Auf der Strassenseite durften nur kleine runde Dachgauben aufgesetzt werden. Ebenso waren Größe, Teilung und Farbe der Fenster festgelegt. Der Ausbau der zweiten Dachebene machte aus Brandschutzgründen zudem den Einbau einer massiven Treppe als Verlängerung des Haupttreppenhauses notwendig.
Im weiteren Verlauf der Arbeiten traten darüber hinaus noch gravierende statische Fehler zutage, die bei früheren Umbauten gemacht worden waren. Fehlende Aussteifungen und Streben erforderten eine komplett neue statische Berechnung, was den Einbau von insgesamt 16 Tonnen (!) Profilstahl zur Verstärkung der alten Holzkonstruktion zur Folge hatte.
Lediglich die Bauhauptarbeiten wie Maurer-, Schlosser- und Zimmererarbeiten und die haustechnischen Gewerke Elektro und

Der intime Eßplatz in luftiger Höhe.

Blick vom Wohnraum in die Küche. Hinter der halbhohen blauen Wandscheibe befindet sich die Badewanne unter dem Wintergartendach.

Spielerisch die Stiege zum Spitzboden für die Kinder.

Heizung wurden von professionellen Firmen ausgeführt. Alle anderen Maßnahmen wie Abbruch, Innenausbau, Putz- und Malerarbeiten erbrachte die Bauherrenfamilie in beachtlicher Eigenleistung.
Der untere Raum wurde als großzügige Wohnebene mit offenem Bad- und Küchenbereich geplant. Durch eine auch oben verglaste Dachgaube zur Hofseite erhält der Raum viel Licht. Von der Badewanne aus ergibt sich nachts ein phantastischer, freier Blick in den Sternenhimmel. Das Bad ist vom Wohnraum nur durch eine 1,6 Meter hohe Wand in der Leichtigkeit eines Paravents getrennt.
Zu den oberen Räumen führt eine in der Mitte des Raumes verlaufende filigrane Stahltreppe, die aus zwei Teilen besteht: einem unteren halbrunden Antrittspodest, das sich wie ein Möbel wegnehmen läßt, und einem oberen geradläufigen Treppenteil, das von der Decke über Stahlstangen abgehängt ist. Dadurch wird die Körperschallübertragung beim Begehen der Treppe für die darunterliegenden Wohnungen minimiert.
Die Kinderzimmer wurden im Spitzboden – dem ehemaligen Taubenspeicher – durch Spielgalerien erweitert.
Die Bauherren legten beim Umbau großen Wert auf die Verwendung umweltverträglicher Materialien. So wurde der Dachstuhl mit schwerentflammbaren Schilfmatten, in Randbereichen mit Sisal oder Korkplatten gedämmt. Die Böden aus Fichtendielen sind lediglich geölt.

Baudaten

Bestand:	Mansarddach
Baujahr:	1911
Anzahl der Bewohner:	4
Wohnfläche vor dem Ausbau:	50 + 30 m²
Wohnfläche nach dem Ausbau:	105 m²
Baukosten je m² WF:	DM 1 500,--
Baukosten, gesamt:	DM 150 000,--
Eigenleistung:	DM 60 000,--

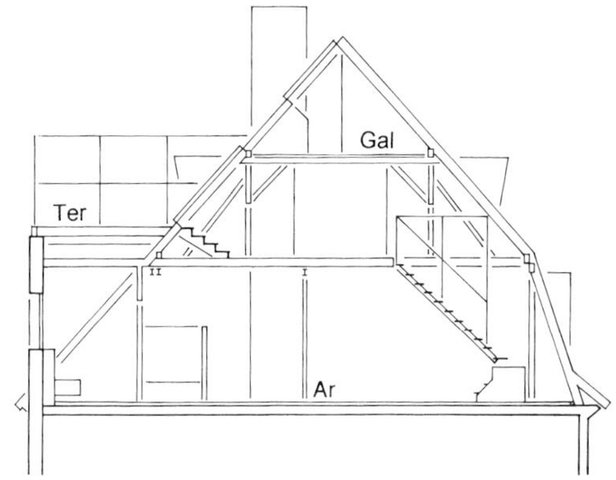

Schnitt

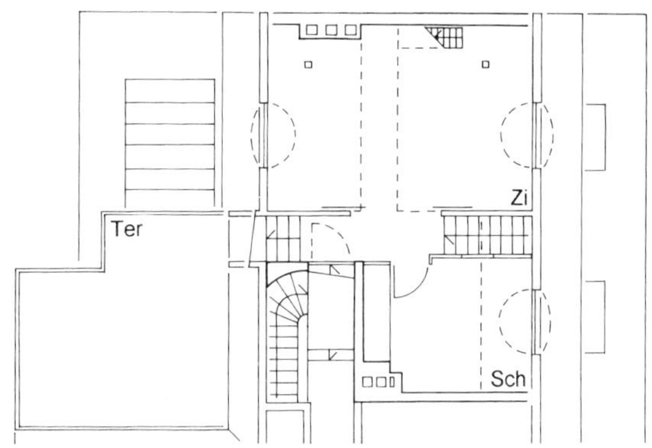

Dachgeschoß

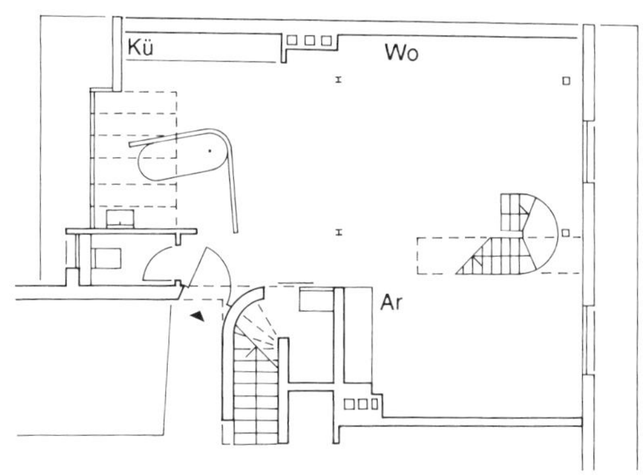

Obergeschoß

Dachausbau in Frankfurt am Main
Architekt: Prof. Christoph Mäckler,
Frankfurt am Main

Schöne Aussicht

Im Stadtteil Frankfurt-Holzhausen erwarb der Bauherr eine stark sanierungsbedürftige, zweigeschossige Wohnung im Dachgeschoß eines Jahrhundertwendehauses, die in kürzester Zeit umgebaut werden sollte.
Ausschlaggebende Gründe für den Kauf waren die Lage und der faszinierende Ausblick der Wohnung auf die Innenstadt Frankfurts. Allerdings wies das Mansarddach einen sehr schlechten baulichen Zustand auf, der eine grundlegende Sanierung erforderlich machte.
Mit der Modernisierung der Wohnung ging eine neue Planung der bisherigen Raumaufteilung einschließlich der völligen Neugestaltung von Bädern und Küche einher, um auf Wunsch des Neueigentümers den ursprünglich großbürgerlichen Charakter der Wohnung wiederherzustellen.
Zwar reichte die Wohnung mit Mansarde und Spitzboden immerhin über eineinhalb Geschosse, aufgrund seiner niedrigen Höhe und der Position der Holzbalken und -ständer war der Spitzboden jedoch nur sehr bedingt nutzbar.
Der Architekt entschied sich für eine auf den ersten Blick vielleicht befremdliche Lösung, die im Kern aber auf ein ganz ortstypisches architekturhistorisches Stilelement zurückgeht: Bis zur Stadtzerstörung im Jahre 1943 fand man in Frankfurt verbreitet das sogenannte Belvedere vor. Dabei handelt es sich um einen Dachaufsatz, der als Wohnraumergänzung und Ausguck in luftiger Höhe insbesondere auf den Dächern der Gründerzeithäuser anzutreffen war.

Zeichnung der Fassade mit Belvedere.

Die Aussicht lohnt – gerade bei Dämmerung.

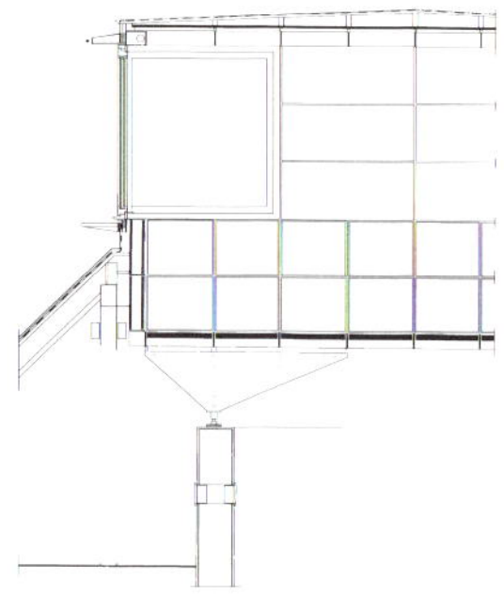

Die Untersicht des Belvedere zeigt offen die aufwendige Konstruktion.

Auf den detaillierten, höhenverstellbaren Füßen werden die zwölf Tonnen Gewicht in die Wände des Altbaus eingeleitet.

Der Aufgang zum Licht.

Beim vorgestellten Projekt wurde also in das Dach des Spitzbodens eine 5 x 5 Meter grosse Öffnung eingeschnitten, um den in Hessen als »Belvedersche« bezeichneten Ausguck einzusetzen, der als eigenständiger Raum mit seinem umlaufenden Fensterband über die bestehende Dachfläche hinausragt und den Blick über die Frankfurter Hochhauslandschaft auf beeindruckende Weise freigibt. Wegen des erwähnten für den Um- und Ausbau sehr knapp bemessenen Zeitrahmens fertigte die Metallbauwerkstatt dieses Bauteil zeitgleich mit dem Umbau des eigentlichen Dachgeschosses vor. Das Belvedere wurde anschließend komplett installiert und bereits möbliert auf das Dach gehoben.
Höchst spektakulär erfolgte die Fertigstellung mit dem Einschweben des Aufsatzes per Kran im Beisein geladener Gäste, die der Bauherr unmittelbar nach dem Absetzen auf dem Dach und dem Zusammenstecken der vorbereiteten Stromzufuhr zur Einweihungsparty empfangen konnte.
Bemerkenswert ist nicht nur die Außenwirkung des fremd anmutenden und doch ortstypischen Dachelements, sondern seine prägende Bedeutung für den Innenraum. Mit zwölf Tonnen Eigengewicht steht das Belvedere auf höhenverstellbaren Füßen ohne jede weitere Befestigung auf den alten Hauswänden. Dabei besteht das Raumtragwerk aus einer Stahl-Gitterkonstruktion, die mit Holztafeln ausgefacht ist.
Die Brüstungen der Wände sind mit Schweizer Birne vertäfelt, während der Boden mit Kirschholz-Platten belegt ist.
Die Kombination von verputzten Wänden des Altbaus mit den Holz- und Stahlteilen des Einschubs ergibt so ein schlüssiges Ganzes.

Baudaten

Bestand:	Mansarddach
Wohnfläche vor dem Ausbau:	keine Angabe
Wohnfläche nach dem Ausbau:	260 m^2
Baukosten:	keine Angabe

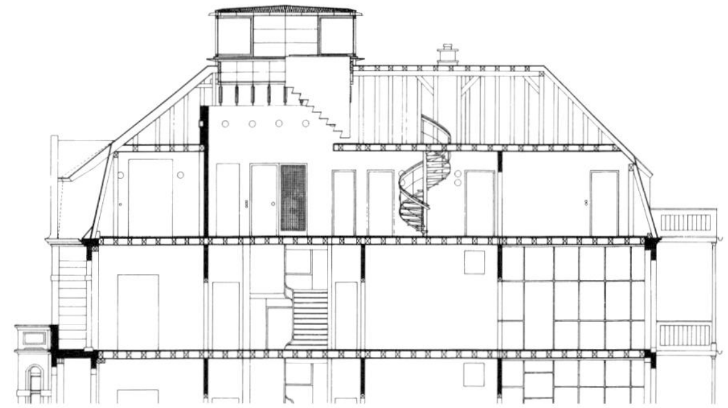

Schnitt

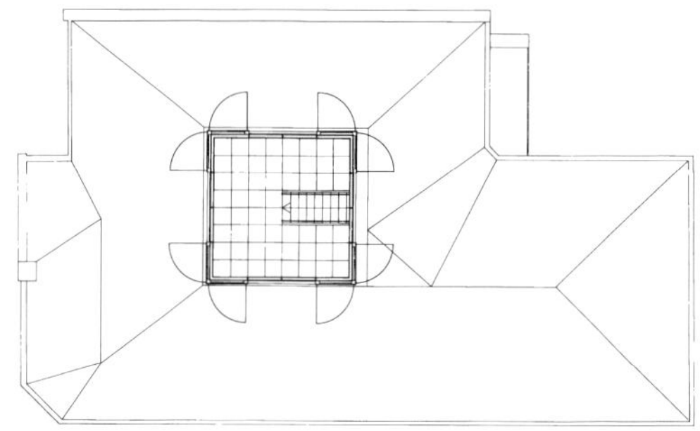

Dachgeschoß

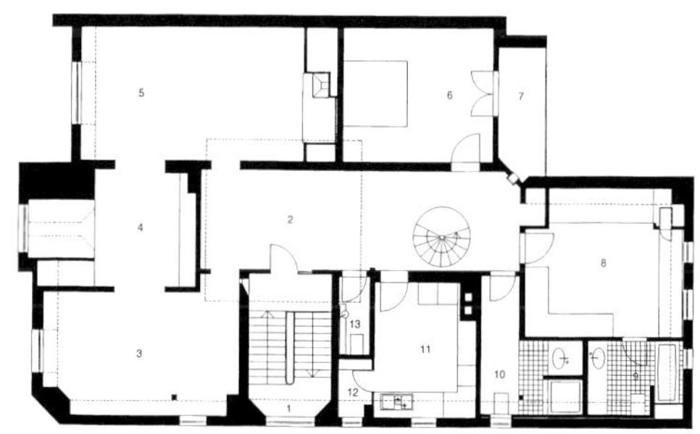

Obergeschoß

Aufstockung in Köln
Architekten: Marwede & Tebroke, Köln

Wolkenkratzer

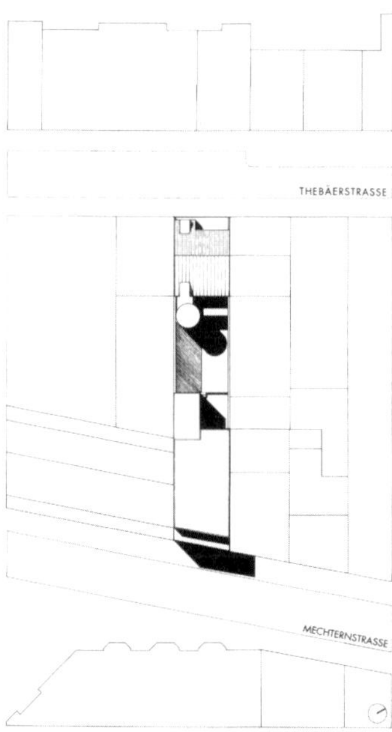

Lageplan mit Vorder- und Hinterhaus.

Dem Bauherrn und dem Architekten bot sich bei dieser mit einer Totalsanierung kombinierten Aufstockung sicherlich auf der ersten Blick keine unbedingt verlockende Ausgangssituation. Der Vorher-Nachher-Vergleich allerdings zeigt, wie lohnenswert auch die Sanierung eines zunächst abweisenden, sogar unwirtlichen Bestandes sein kann. Eine Herausforderung nicht nur an die planerische Gestaltungskraft, sondern auch an die Imaginationsfähigkeit von Eigentümer und Architekt.
Das schmale, tiefe Grundstück befindet sich im Kölner Stadtteil Ehrenfeld, auf dessen Westseite ein ursprünglich zweigeschossiger Altbau in einer Blockrandbebauung steht. Die östlich ausgerichtete Hofseite geht über in eine bis zur Parallelstraße reichende Baulücke. Problematisch war die nur circa 70 m^2 große Wohnfläche des Baubestandes, die durch eine zweiläufige Treppe noch unnötig eingeschränkt wurde. Der an der Gartenseite befindliche verwilderte Hinterhof machte einen ebenfalls wenig einladenden Eindruck. Eine der einschneidendsten Baumaßnahmen war die mit mutiger Geste vollzogene Verlegung des Treppenhauses nach außen in einen zylindrischen Glasbausteinturm, der auch den von den ausführenden Architekten benutzten Projektnamen ergab: »Wolkenkratzer«.
Über die darin verlaufende Stahlspindeltreppe wird das neu entsprechend der Traufhöhe der Nachbarbebauung aufgestockte Vollgeschoß im zweiten Stock sowie der Dachaus-

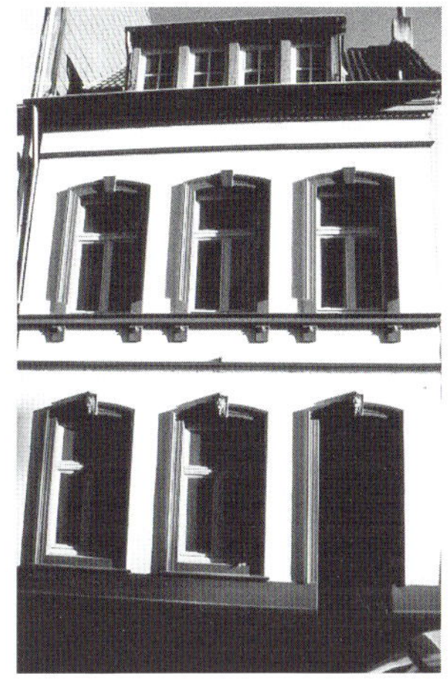

Die Straßenansicht mit der zinkverkleideten Aufstockung und dem darüberliegenden Balkon.

Der krasse Vorher-Nachher-Vergleich. Nach Durchführung der Baumaßnahme zeigt sich der vormals verwahrloste Hinterhof als attraktive Hofterrasse.

bau erschlossen. An der Hofseite planten die Architekten zur Erweiterung der Nutzfläche über die Höhe der beiden ersten Geschosse einen Wintergarten, der der aufgestockten Ebene Platz für einen kleinen Ostbalkon bietet.
Das Raumprogramm umfaßt im Erdgeschoß den Eß- und Küchenbereich und im ersten Obergeschoß einen großen, ungeteilten Wohnraum. Eltern- und Kinderzimmer sind jetzt im neu entstandenen zweiten Obergeschoß untergebracht, während das Dachgeschoß noch Raum für ein großes Atelier mit Dusche und WC und eine Westloggia schafft. Die Gesamtwohnfläche beträgt damit nach dem Umbau sage und schreibe 210 m², was einer Verdreifachung der ursprünglichen Fläche entspricht.
Der vernachlässigte Hinterhof wurde zu einer introvertierten Innenhofterrasse umgestaltet. Für die nahe Zukunft plant der Bauherr die Schließung der angrenzenden Baulücke mit einem viergeschossigen Neubau für Single- und Stadtwohnungen, der sich gestalterisch auf diese Altbausanierung beziehen soll. Augenfälligste Analogie wird dabei ein ebenfalls außerhalb des Baukörpers befindliches zentrales Treppenhaus sein, diesmal allerdings in einem rechteckigen Glasbausteinturm – Arbeitstitel: »Zylinder«.

Baudaten

Bestand:	Satteldach
Baujahr:	1900
Anzahl der Bewohner:	4
Wohnfläche vor dem Ausbau:	70 m²
Wohnfläche nach dem Ausbau:	210 m²
darüber hinaus Nutzfläche:	20 m²
Baukosten, gesamt:	DM 240 000,--
Eigenleistung	DM 80 000,--

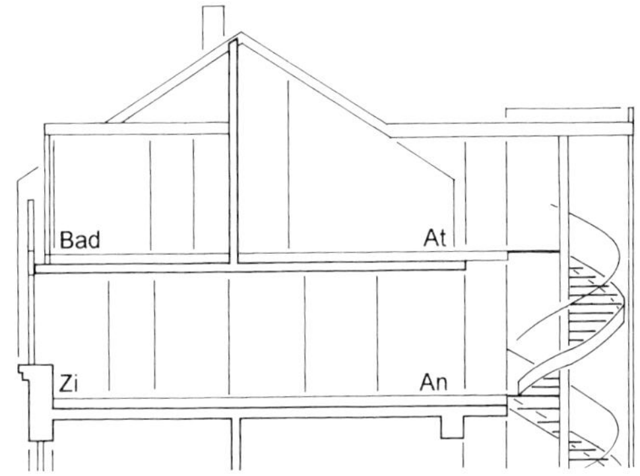

Schnitt

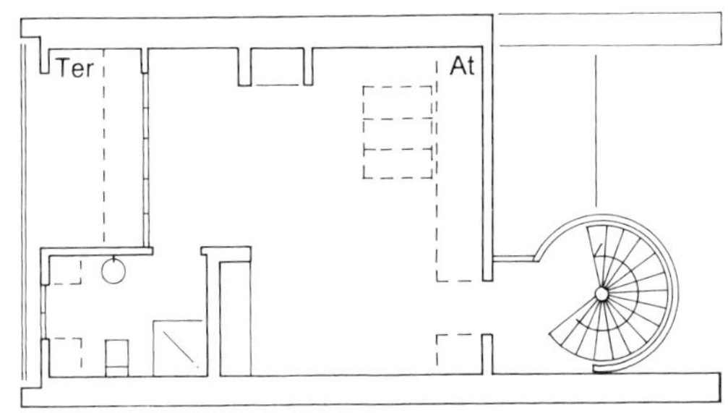

Dachgeschoß

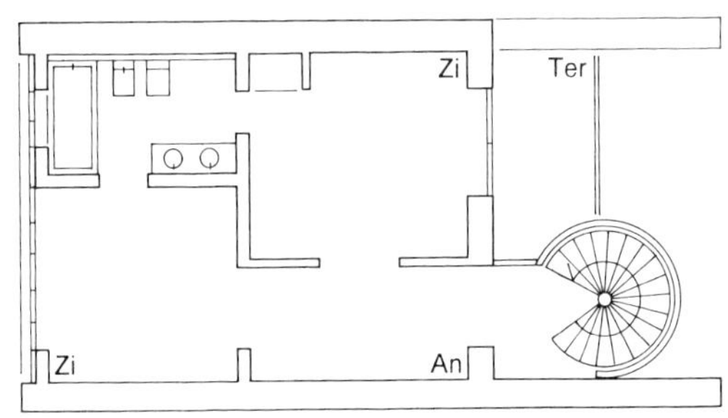

Obergeschoß

Dachausbau in Frankfurt am Main
Architekten: Meckel & Vogeler,
Frankfurt am Main

Kleinod inmitten der Metropole

Die Dachterrasse als begrünte Oase über den Dächern der Stadt.

Unter dem „aufgeklappten" Dach ist Platz für große Fensterflächen entstanden.

Nach langer Suche fand ein Frankfurter Ehepaar endlich das geeignete Objekt in der gewünschten Wohnlage: ein Mansardgeschoß mit ausbaufähigem Spitzboden zusammen mit dem Nutzungsrecht für ein 28 m² großes Flachdach des Seitentraktes mitten im Zentrum Frankfurts.
Das 90 Jahre alte Mietshaus aus der Gründerzeit war mit seinem brachliegenden Dachboden kurz vorher in Eigentumswohnungen umgewandelt worden. Die ebenfalls erworbene, jedoch vermietete Mansardwohnung im vierten Stock konnte deswegen erst viel später in einem zweiten Schritt renoviert und für die Eigentümer nutzbar gemacht werden.
Folglich konzentrierten sich die Umbaumaßnahmen zunächst ausschließlich auf das Dachgeschoß und die Anlage der Dachterrasse, die für die Kaufentscheidung den ausschlaggebenden Impuls gegeben hatte.
Zur Straßenseite befinden sich unverändert nur Dachflächenfenster, da baubehördlich keine Gauben eingebaut werden durften.
Zur Hofseite aber klappt sich das Satteldach fast auf der ganzen Breite auf, wodurch in diesem Bereich die nötige Stehhöhe erreicht wurde und sich ein herrlicher Blick in luftiger Höhe auf die Dächer der Stadt bietet.
An die Fensterflächen der neuen Dachgaube schließt sich eine gläserne Schiebetür an, die wegen der Dachneigung schrägstehend eingesetzt werden mußte.
Das nur 62 m² große Dachgeschoß beherbergt jetzt einen weitläufigen Allraum mit Küche, Eßplatz und Minibad, während die

Die begrünte Brandwand zum Nachbarn.

Die eingeschnittene Treppe schafft die Verbindung zum darunter liegenden, später ausgebauten Geschoß.

Raumaufteilung in der darunterliegenden und über eine Treppe verbundenen Mansardwohnung weitgehend erhalten blieb und nun den Funktionen Schlafen und Arbeiten dient. Clou des Dachausbaus bleibt aber die ebenengleiche, auf das angrenzende Flachdach aufgesetzte großzügige Terrasse mit schiefergedeckten Dachflächen darunter. Die Sparren ihrer Holzkonstruktion kragen weit über den neuen Raumabschluß und ermöglichten damit die Montage der Brüstung aus verzinktem Stahl und nachträglich – aus Sicherheitsgründen – angebrachtem Aluminium-Wellblech. Die Brandwand zum Nachbargebäude wurde bepflanzt und setzt sich jetzt als »grüne Wand« im Innenraum fort. Im Gegensatz zur verkleideten Altkonstruktion bleibt im Inneren die Neukonstruktion in Material und Struktur deutlich erlebbar.

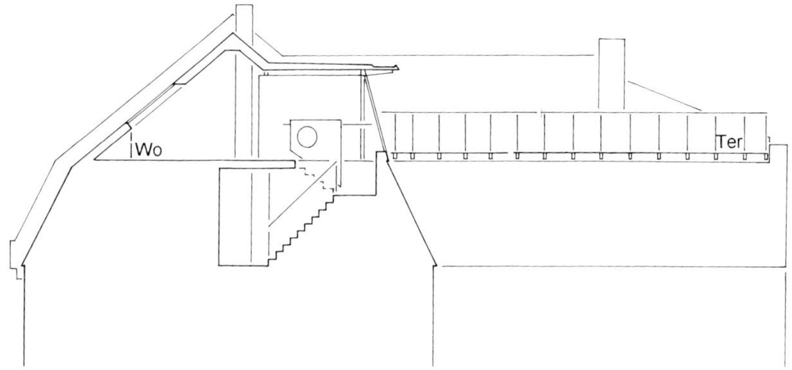

Schnitt

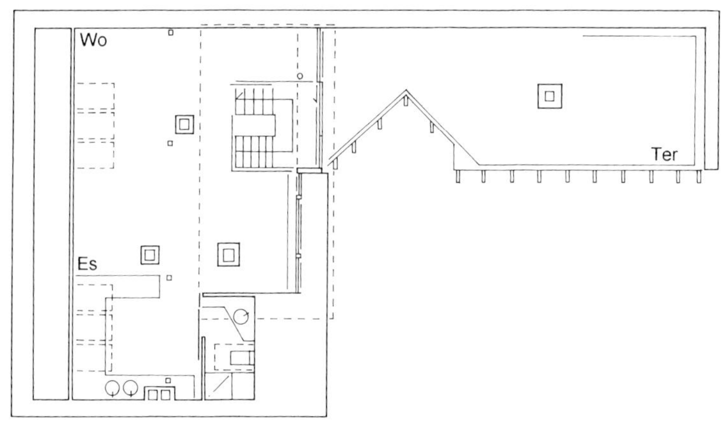

Dachgeschoß

Baudaten

Bestand:	Mansarddach
Baujahr:	1910
Anzahl der Bewohner:	2
Wohnfläche vor dem Ausbau:	0 m²
Wohnfläche nach dem Ausbau:	60 m²
darüber hinaus Nutzfläche:	100 m²
Baukosten, gesamt:	DM 110 000,--

Aufstockung in Dresden
Architekten: Meyer & Bassin, Dresden

Gartenhaus mit Anspruch

Entwurfsskizze des Gesamthauses.

Die Siedlung Gorbitz in Dresden, die Anfang der 30er Jahre als Gartensiedlung entstanden ist, besteht aus eingeschossigen Einfamilien- und Doppelhäusern mit ausgebautem Dach. Die Größe oder besser Kleinheit der Einheiten mit nur 55 m^2 führte im Laufe der Zeit zu allen möglichen, mitunter chaotischen Erscheinungsformen der Wohnflächenerweiterung als An-, Um- oder Ausbauten.
Auch das hier vorgestellte Haus war 1989 schon einmal durch einen eingeschossigen Anbau zum Garten hin erweitert worden. Dieser Anbau wurde nun seinerseits mit einer Aufstockung versehen.
Die Erweiterung umfaßt auf 46 m^2 einen großzügigen Wohnraum, ein kleines Schlafzimmer und ein Bad. Das überkragende, mit 5° nur flach geneigte Pultdach ist mit Aluminium-Trapezblech eingedeckt. Das Ansteigen des Daches wird in dem nach Süden orientierten Wohnraum deutlich erlebbar. Dieser ist bis zur Decke großflächig verglast und bietet den Bewohnern einen schönen, ungehinderten Blick in den Garten. Dagegen wirkt das benachbarte Schlafzimmer in sich gekehrter und verfügt nur über ein um die Hausecke reichendes Fensterband mit drei kleinen Fenstern.
Erschlossen wird die neue Ebene vom Dachgeschoß des Altbaus durch einen mit transparenten Doppelstegplatten aus Kunststoff gedeckten Übergang. In der so gebildeten Fuge zwischen dem Neubau und dem geneigten Dach des Altbaus befindet sich eine kleine, vor Einblicken geschützte Dachterrasse.

Die Rückfassade der Aufstockung mit der Stahltreppe zum Garten.

Im lichten Wohnraum läßt sich die Dachform nachvollziehen.

Das Eckfenster des Schlafzimmers.

In der Fuge zwischen Alt und Neu liegt eine intime Terrasse.

Das gesamte „Ensemble“ mit Stromhäuschen im Vordergrund.

Der von den Bewohnern gewünschte enge Gartenbezug wurde durch den Einbau einer leichten Stahltreppe erreicht, die einen unmittelbaren Zugang aus dem Obergeschoß möglich macht.
Aufgrund statisch-konstruktiver Vorgaben und des Wunsches der Bauherren nach einer extrem kurzen Bauzeit planten und realisierten die Architekten die Aufstockung als Holz-Ständerkonstruktion. Lediglich auf der an das Nachbargrundstück grenzenden Seite des Hauses wurde auf Forderung der Bauaufsicht eine massive Wand als Brandwand notwendig.
Der Wandaufbau der Holzkonstruktion ist raumseitig mit einer zusätzlichen, ebenfalls gedämmten Installationsschicht versehen, in der Heizungs-, Wasser- und Elektroleitungen verlaufen. Die Innenseiten sind mit Gipskartonplatten verkleidet, während die schützende Außenhaut aus einer Stülpschalung mit farbig lasierten Fichtenholzbrettern besteht. Sowohl die Wände als auch die Dachfläche werden durch eine 20 bis 22 Zentimeter starke Isolierung aus Zelluloseflocken gedämmt. Ein Verfahren, bei dem aufbereitete Papierreste in die Hohlräume zwischen Sparren und Holzständern eingeblasen werden.
Durch seine leuchtend rote Farbgebung zeigt sich das kleine neue Haus in der Siedlung offen und selbstbewußt, ohne dabei den Charakter des Gartenhauses zu verlieren – und das Ganze in nur 50 Tagen Bauzeit.

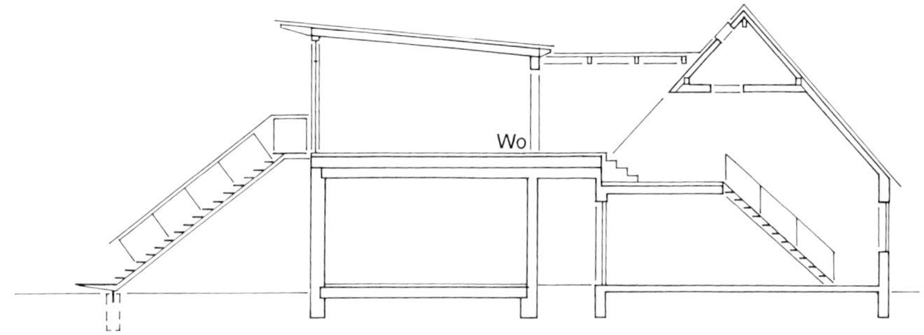

Schnitt

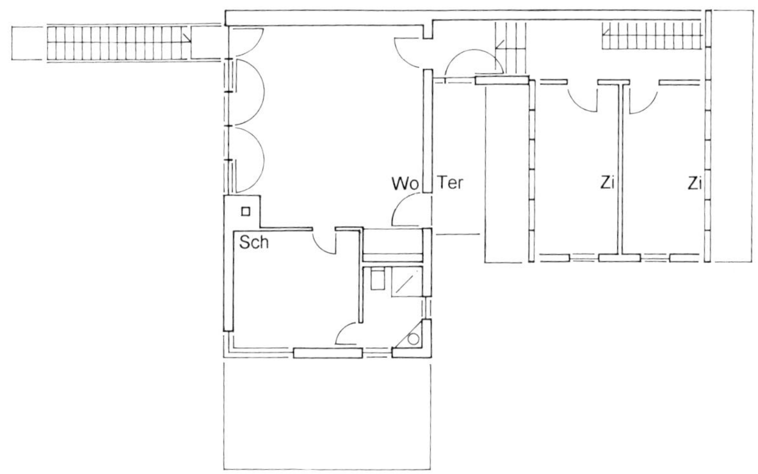

Dachgeschoß

Baudaten

Bestand:	Flachdach
Baujahr des Gebäudes:	1934/1989
Anzahl der Bewohner:	4
Wohnfläche vor dem Ausbau:	110 m²
Wohnfläche nach dem Ausbau:	156 m²
Baukosten je m² WF:	DM 3 160,--
Baukosten, gesamt:	DM 145 600,--

Dachausbau in Saarbrücken
Architekten: Adriane Niedner-Siebert & Partner, Bad Honnef

Kaffeemühle mit neuer Weitsicht

Nahtlos fügt sich die große Gaube in das Gesamterscheinungsbild des Hauses ein.

Von innen eröffnet sie ein breites Panorama.

Die zweigeschossige Vorstadtvilla aus dem Jahr 1935 erinnert in Proportionen, Fassadengestaltung und den verwandten traditionellen Stilelementen, wie Sprossenfenster und Fensterläden aus Holzlamellen, ein wenig an Goethes Gartenhaus in Weimar. Infolge geänderter Lebensumstände entstand bei den Eigentümern der Bedarf, die Wohn- und Nutzfläche des Hauses substantiell zu vergrößern, was durch einen durchgreifenden, aber behutsamen Dachausbau geschehen sollte.
Bislang war das 50° steile Walmdach nur eingeschränkt als Gästezimmer in der ehemaligen Mädchenkammer sowie als Trokkenboden genutzt worden. Zum darüberliegenden kleinen Spitzboden gab es nicht einmal einen Zugang. Dabei bot sich vom Dachgeschoß aufgrund der exponierten Hügellage des Hauses eine wunderbare Aussicht auf die Stadt Saarbrücken.
Da große Dachflächenfenster die ruhige, einheitliche Dachfläche empfindlich gestört hätten, entschloß sich die Architektin, zur Lösung dieser Bauaufgabe auf Fassade, Dachfläche, Aussicht und Funktion abgestimmte Gauben einzusetzen. Zur Ostseite ragt nun eine große Segmentbogengaube als Holzkonstruktion aus dem Dach, während auf der Nord- und Südseite filigrane Satteldachgauben in Stahl und Glas eingelassen wurden. Zwei Dachflächenfenster dienen der Belichtung des mittlerweile als Kinderzimmer genutzten Spitzbodens, dessen Decke dazu teilweise entfernt, sein Hänge-

Sitzecke und Bad werden über Satteldachgauben, die rundum verglast sind, eindrucksvoll belichtet.

werk jedoch beibehalten wurde.
Das ausgebaute Dachgeschoß birgt nun einen offenen Arbeits- und Wohnbereich, eine Kochmöglichkeit sowie ein ausgebautes Gästezimmer mit großem Bad.
Die vorhandene Erschließung des Daches durch eine einläufige Treppe blieb unverändert, erhielt durch den neuen großen Dacheinlaß auf der Ostseite aber die nötige Kopfhöhe und Weite. Ebenso konnte die Biberschwanzdeckung aufgrund ihres noch intakten Zustands bestehen bleiben. Das Dach wurde von innen mit Mineralwolle gedämmt, die Sparren für eine ausreichende Hinterlüftung entsprechend aufgedoppelt. Die Innenflächen sind mit Gipskarton verkleidet.
Trotz des recht massiven baulichen Eingriffs durch die neuen Dachöffnungen blieb dank der einfühlsamen Planung und Realisierung der wohlproportionierte Gesamteindruck des Hauses ungestört, vielmehr wirken die eingefügten Elemente, als seien sie schon immer da gewesen.

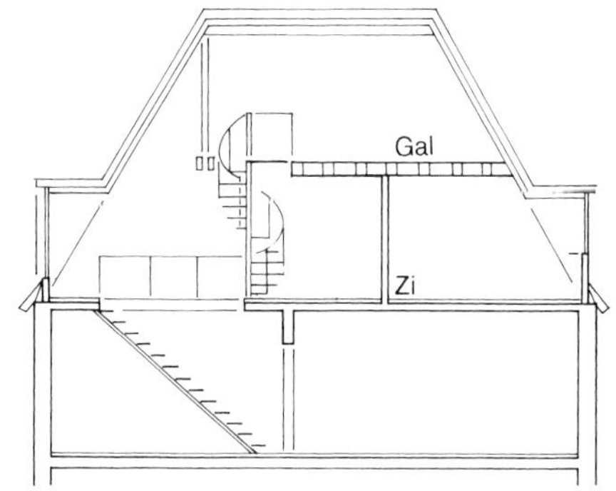

Schnitt

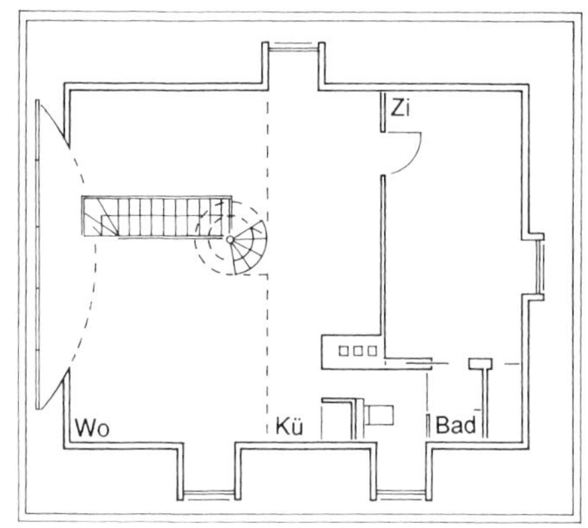

Dachgeschoß

Baudaten:

Bestand:	Walmdach
Baujahr:	1935
Anzahl der Bewohner:	3
Wohnfläche vor dem Ausbau:	130 m²
Wohnfläche nach dem Ausbau:	198 m²
Baukosten je m² WF:	DM 1 900,--
Baukosten, gesamt:	DM 130 000,--
Eigenleistung:	DM 6 000,--

Aufstockung in Köln
Architektin: Ute Piroeth, Köln

Schräges Wohnen im Container

Der schräggestellte Container nimmt Bezug auf bestehende Fassadenelemente.

Die Dachterrasse verläuft über die gesamte Hausbreite.

Am besten, man studiert zunächst den abgebildeten Schnitt des aufgestockten Dachgeschosses, um diesen höchst unkonventionellen Umbau eines 1911 erbauten und nach Zerstörung 1961 mit einem Flachdachprovisorium wiederaufgebauten Mehrfamilienhauses in der Kölner Vorstadt nachzuvollziehen. Kern des kühnen Entwurfskonzeptes ist der bei auf der Straße vorbeigehenden Passanten immer wieder für Aufsehen sorgende geneigte Kubus in der sonst völlig gewöhnlichen Dachlandschaft der Umgebung.
Dieser quaderförmige, die Gebäudekanten jeweils überkragende Baukörper durchdringt das Satteldach über die gesamte Tiefe des Dachgeschosses.
Die Schräglage dieses »Containers« schafft im Inneren auf der Vorderseite einen erweiterten Luftraum für die Küche und auf der Gartenseite eine Raumhöhe, die sogar ein zusätzliches Geschoß – erreichbar über eine transparente Stahltreppe – für den Elternbereich mit Schlafraum, Empore und Ankleide erlaubt. Dabei entstand ein in vielerlei Hinsicht praktikables und den unterschiedlichen Ansprüchen der vierköpfigen Familie genügendes Raumprogramm, das in der unteren Ebene zwei Kinderzimmer, den dahinterliegenden offenen Wohnraum einschließlich Küche und eine große Südterrasse umfaßt. Die überall sichtbare Durchdringung von Kubus und Satteldach bewirkt eine gewollte, das herkömmliche Raumgefühl irritierende Raumverknüpfung. Verstärkt wird diese Verunsicherung noch durch die Gestaltung der

Raumhohe Glaselemente trennen die Küche vom Wohnraum.

Der lichtdurchflutete Wohnraum.

Das verwirrende Spiel mit der „schiefen“ Ebene.

Die erlebbare Durchdringung von Satteldach und aufgesetztem Kubus.

Fenster, die sich im Schlafbereich des oberen Geschosses mit seinen schräg verlaufenden Wänden auf die geneigte Deckenlinie beziehen und damit auch den Fußboden als schiefe Ebene wirken lassen.
Daneben wurde bei dieser Planung viel Wert auf Transparenz und die Wirkung von Licht und Schatten gelegt. Verglaste Wandschlitze sorgen für Blickbeziehungen zwischen den einzelnen Räumen. Türoberlichter aus geätztem Glas und die gläserne Innenwand zwischen Küche und Aufenthaltsbereich vervollkommnen die gestalterische Umsetzung des entwurflichen Prinzips der offenen und kommunikativen Familienwohnung.
Die Konstruktion des Containers, der mit dem gleich breiten Runderker im ersten Obergeschoß des Hauses eine markante Längsachse bildet, besteht aus einem Holzständerwerk, das mit sogenannten *Orient Strand Boards* ausgefacht ist.
Die Verkleidung – eine hinterlüftete Vorhangfassade aus mattiertem Glas – schützt die Holzkonstruktion, läßt sie dabei aber gleichzeitig sichtbar bleiben.

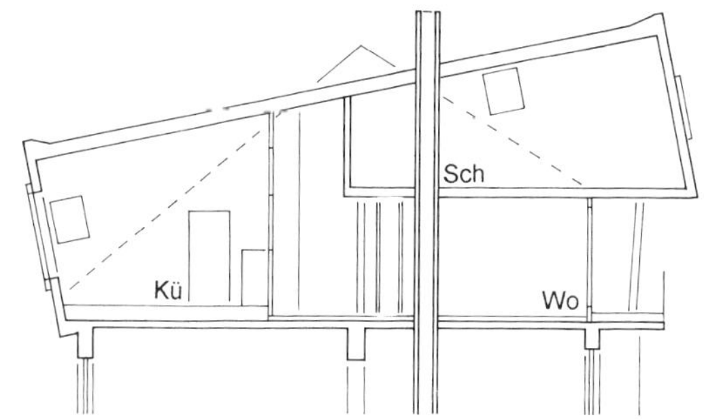

Schnitt

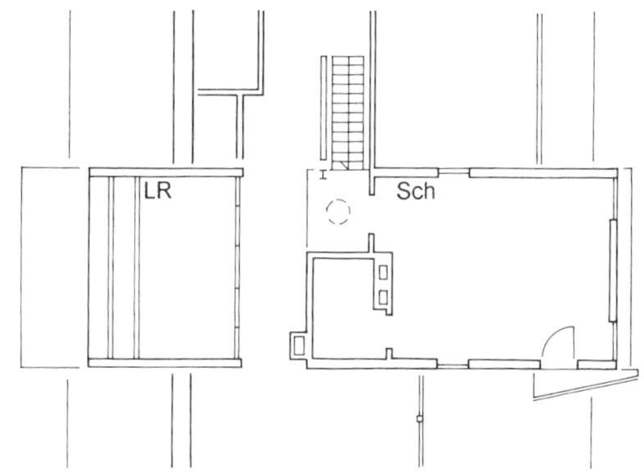

Dachgeschoß

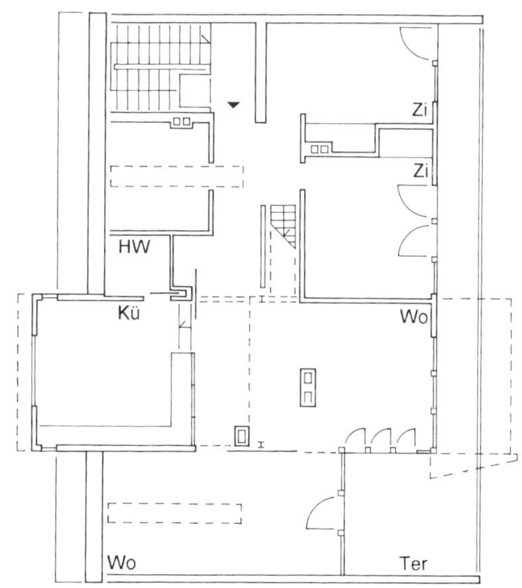

Obergeschoß

Baudaten

Bestand:	Flachdach
Baujahr:	1911
Anzahl der Bewohner:	4
Wohnfläche vor dem Ausbau:	0 m²
Wohnfläche nach dem Ausbau:	140 m²
Baukosten je m² WF:	DM 2 400,--
Baukosten, gesamt:	DM 336 000,--

Dachausbau in Potsdam
Architekt: Siegfried Polaczy, Berlin

Wohnen aus dem Schrank

Ein sachverständiger Investor realisierte zusammen mit den beauftragten Architekten und Innenarchitekten in dem von einzigartigem Charme geprägten im 18. Jahrhundert entstandenen Holländischen Viertel in Potsdam ein außergewöhnliches Sanierungsprojekt. Das Haus erfuhr nach einer langen Zeit der Vernachlässigung eine besondere Art der Wiederbelebung – als »boarding house« nach amerikanischem Vorbild. Hinter der originalgetreu restaurierten Barockfassade entstanden nun moderne Wohn- und Büroappartements.
Dank ausgeklügelter Technik, Detailsorgfalt und ausgewähltem Interior-Design bietet dieser Ort berufstätigen Gästen während ihres temporären Aufenthalts eine höchst funktionelle und gleichzeitig sehr komfortable Verbindung zwischen Wohnen und Arbeiten.
Für die Einraumwohnung im Dachgeschoß des in jüngerer Zeit angebauten Seitentraktes entwickelten die Planer eine spezielle innenarchitektonische Lösung:
Um nach dem Entfernen der Zwischenwände den entstandenen Eindruck einer kleinen Fabriketage als Ganzes zu bewahren, wurde auf eine erneute Unterteilung in einzelne Räume verzichtet und stattdessen über die gesamte Raumlänge eine dunkelblau lasierte Holzpaneelwand eingebaut, hinter der sich nebeneinander aufgereiht die unterschiedlichen Wohnfunktionen verbergen.
Von der Küchenzeile über das Bad bis hin zum ausklappbaren Schlafzimmer sind in diesem eingestellten Möbel alle zum Wohnen

Der Straßenzug im Holländischen Viertel.

Die illusionistische Malerei suggeriert die Fortsetzung der Wohnung bis ins Unendliche.

Der Eingangsbereich mit der Leiter zur Dachluke.

Die Küchennische wird effektvoll über farbige Oberlichter belichtet.

Die Einraumwohnung in Abendgarderobe.

notwendigen Bereiche vorhanden.
Je nach Bedarf und Tageszeit kann der Bewohner für die jeweils gewünschte Nutzung eine der Türen öffnen oder aufklappen – der Eindruck des Gesamtraumes bleibt immer unbeeinträchtigt.
Die Belichtung erfolgt hier über eine transluzente, teils farbige Kassettendecke, die das über Dachoberlichter einfallende Tageslicht gedämpft an die im Schrank verborgenen Räume weiterleitet.
An der gegenüberliegenden Seite durchmißt eine horizontal verlaufende Holzplatte den Raum ebenfalls über seine ganze Länge. Optimal unter der Fensterreihe angeordnet, kann an diesem multifunktionalen Board gearbeitet, gegessen, telefoniert oder ferngesehen werden.
Zu der unkonventionellen und witzig-einfallsreichen Herangehensweise der Architekten paßt die Trompe-l'œil-Malerei an der Stirnwand, die die langgestreckte Wohnung auf theatralisch-ironische Weise bis in unendliche Weiten verlängert.

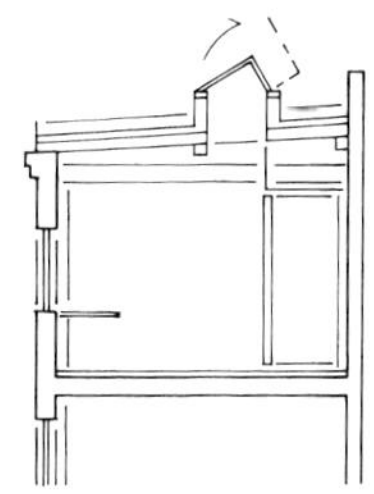

Schnitt

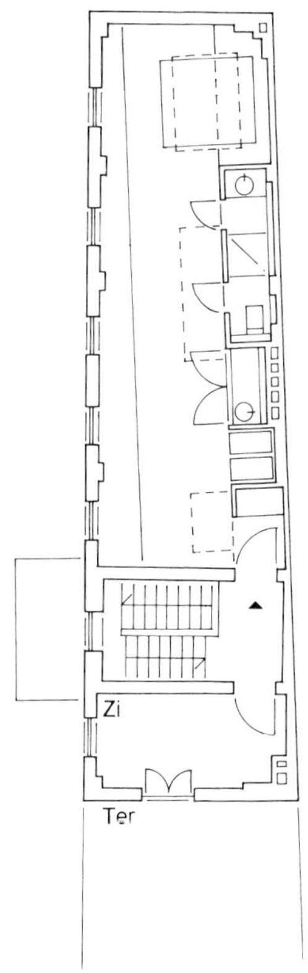

Dachgeschoß

Baudaten

Bestand:	Flachdach
Baujahr/Umbau:	1744
Wohnfläche vor dem Ausbau:	0 m²
Wohnfläche nach dem Ausbau:	26 m²
Baukosten:	keine Angaben

Dachausbau in Berlin
Architekten: Claudius Pratsch
mit Tanja Riccius, Berlin

Glashaus über den Dächern von Steglitz

Detail der großen Gaube: Die mit feinen Streifen siebbedruckten Glasscheiben.

Die kleine Dachterrasse auf dem Glaserker.

Eine Experimenten und offenen Wohnformen aufgeschlossene Bauherrenfamilie gab zwei jungen Architekten Gelegenheit, die hintere Dachhälfte eines »entdekorierten« Mehrfamilienhauses im Berliner Stadtteil Steglitz umfassend umzugestalten. Das entgegengebrachte Vertrauen belohnten die Architekten mit einem besonderen Entwurf. Ein schlüssiges, offenes Raumkonzept und eine möglichst weitreichende Erfüllung des Bauherrenwunsches nach viel Licht und Luft durch die innovative Verwendung von Glas in vielfältigen Varianten und Nutzungen waren dabei die bestimmenden Elemente.
Der erste Entwurfsvorschlag, der eine vollständige Verglasung des Drempels vorsah, ließ sich beim Landeskonservator nicht durchsetzen, der auf eine stärkere Berücksichtigung der für diesen denkmalpflegerisch geschützten Stadtbereich geltenden Vorgaben bestand.
Im zweiten Anlauf entschieden sich die Bauherren mit ihren Architekten schließlich für eine Variante, die zwar um den verglasten Drempel abgespeckt war, gleichwohl aber das Thema Licht und Glas im Zentrum der Planung beließ.
Das vorhandene geräumige Mansardgeschoß blieb durch die Entwicklung eines offenen Gesamtraums über drei ineinandergeschobene Ebenen erhalten. Alle Raumtrennwände haben lediglich eine Höhe von 2,30 Meter, so daß zum Beispiel vom Lesepodest alle Teile der Wohnung von oben einsehbar sind.
Das auf der mittleren Ebene liegende Bade-

Die vier Küchenfenster lassen sich durch ihren Schwingmechanismus weit öffnen.

Der zweigeschossige Teil des „Glashauses“.

zimmer wird gegen Einblicke aus dem Wohnbereich durch eine raumhohe Wand abgeschirmt. Allerdings ist sie aus mattiertem Glas, so daß auch dieser intime Raum Blickbezug zum Ganzen gewinnt.
Das Gäste-WC mit bodengleicher Dusche befindet sich in einer eingestellten gelbfarbenen Box – natürlich aus Glas – und fungiert als Raumteiler mit exponiertem Standort inmitten der Wohnung. Dieser Raum wird über in die Boxdecke eingelassene, asymmetrisch gesetzte Glasstreifen effektvoll belichtet. Ebenfalls frei im Raum und leicht schräg angeordnet steht die Funktionszeile der Küche. Sie schiebt sich unter die Trapezblechkonstruktion der Dachterrasse, die den Raum an dieser Stelle in zwei Ebenen teilt. Auf der hier entstandenen Galerie sitzt die leicht geneigte, markante Dachgaube als Stahl-Glas-Konstruktion, die durch die Verwendung schmaler Profile fast entmaterialisiert zu sein scheint. Sie ist, wie auch die Gaube im Küchenbereich, verglast, was ihr den Charakter eines Wintergartens gibt. Gegen zu starke Sonneneinstrahlung sind die vertikalen Scheiben mit einem feinen Streifenmuster versehen, das im Siebdruckverfahren auf das Glas aufgebracht wurde.
Zusammen mit der dunkel gestrichenen Stahltreppe und dem holzgedeckten Austritt, für die Bilder und Elemente aus dem Schiffbau Pate standen, ergibt sich ein spannungsreicher Materialkanon, der durch die farbigen Elemente zu einem abwechslungsreichen Lebensraum für seine Bewohner wird.

Baudaten

Bestand:	Mansarddach
Baujahr:	1893
Anzahl der Bewohner:	3
Wohnfläche vor dem Ausbau:	0 m²
Wohnfläche nach dem Ausbau:	137 m²
darüber hinaus Nutzfläche:	4 m²
Baukosten je m² WF:	DM 4 719,--
Baukosten, gesamt:	DM 665 000,--

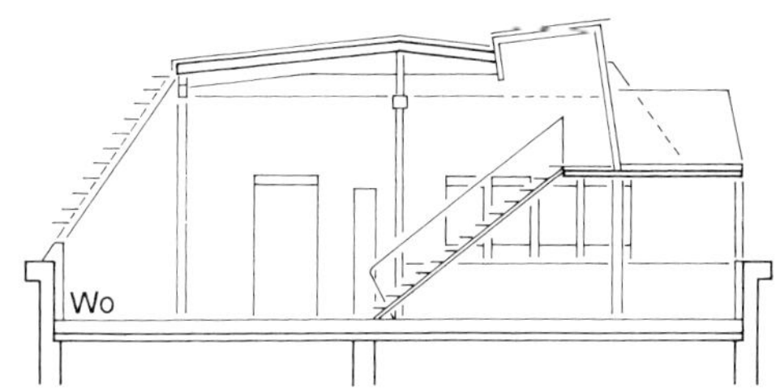

Schnitt

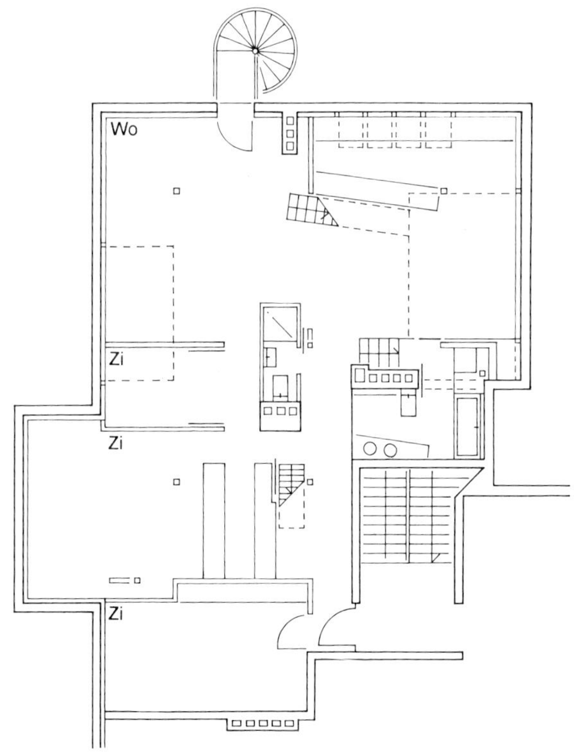

Dachgeschoß

Dachausbau und Aufstockung in Konstanz
Architekten: Schaudt Architekten, Konstanz

Im Loft über Konstanz

Der Innenraum der auf dem Flachdachteil neu errichteten Aufstockung.

Filigrane Stahlkonstruktion und Holzplanken erinnern an ein Bootshaus.

Das umgebaute Gebäude – mitten in der malerischen Szenerie der Konstanzer Altstadt – besteht aus einem direkt an der Fußgängerzone liegenden, denkmalgeschützten Baukörper aus dem Jahr 1914, bedeckt mit einem Satteldach, sowie einem Gebäudeteil jüngeren Datums im rückwärtigen Hof des Ensembles, der über eine große Flachdachfläche verfügt. Aufgrund des maroden Zustands beider Dächer ergab sich der dringende Bedarf einer Komplettsanierung.
Die Architekten entwickelten ein Entwurfskonzept, das auf Wunsch der Eigentümer eine beide Gebäudeteile integrierende Wohnung enthält. Dazu wurde das bestehende Satteldach im Vorderhaus ausgebaut und das Flachdach des Hinterhauses aufgestockt.
Wegen des schlechten Bauzustandes blieb von der Dachkonstruktion des Haupthauses lediglich das Haupttragwerk – wie auch vom Denkmalschutzamt gefordert – erhalten.
Auf das Tragwerk wurde ein komplett neues Dach mit einer Aufsparrendämmung und der für diese Gegend typischen Biberschwanzdeckung aufgebaut. Straßenseitig bauten die Architekten zwei kleine Fluchtbalkone in die Dachfläche ein. Diese sind mit Titanzinkblech verkleidet und die einzigen sichtbaren Elemente des Dachumbaus an der zur Straße orientierten alten Fassade.
Auf den rückwärtigen Flachdachanbau wurde eine leichte Stahlkonstruktion aufgesetzt, die das neue Satteldach trägt, ebenfalls mit Biberschwanzpfannen eingedeckt.
Zwischen dem alten und dem neuen Sattel-

Der Schrank ist rahmenlos mit Glasscheiben eingefaßt, die so den Schlafbereich abtrennen.

Die Küche markiert sich über den langen Tresen und den großen Dunstabzug.

Der Übergang zwischen Alt und Neu wird durch die Dachverglasung deutlich.

dach verläuft ein Glasband, das den Übergang zwischen Alt und Neu deutlich markiert. Vor allem im neuen Teil der Aufstockung zeigt sich die gelungene und eindrucksvolle Umsetzung der Bauherrenanforderung nach viel Licht und Großzügigkeit: Mit Ausnahme von WC und Bad ist kein Raum durch Wände abgeschlossen. Selbst das Schlafzimmer ist nur durch einen Schrank als Sichtschutz und eine rahmenlose Verglasung vom Geschehen abgetrennt, was den Loftcharakter der Wohnung unterstreicht. Verstärkt wird dieser Eindruck noch durch die gewählten Materialien, wie etwa die schmalen Stahlprofile der Fassade, die lichte Farbgebung oder den hellen Ahornboden. Von der angrenzenden Dachterrasse bietet sich ein einzigartiger Blick über die Altstadt zum nahegelegenen Bodensee, bei gutem Wetter sogar über den See hinweg bis zu den Alpen.

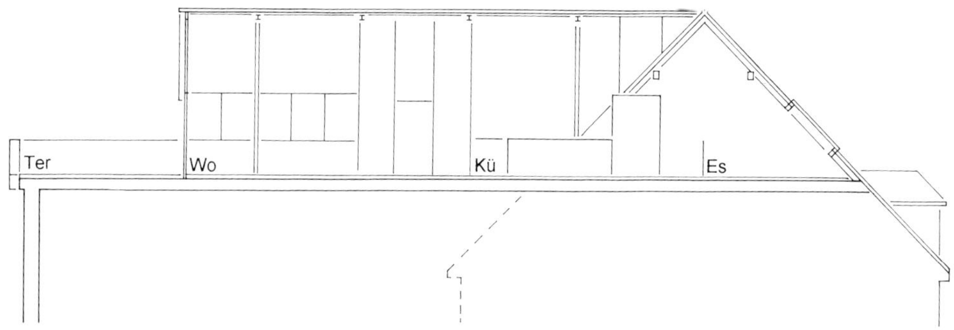

Schnitt

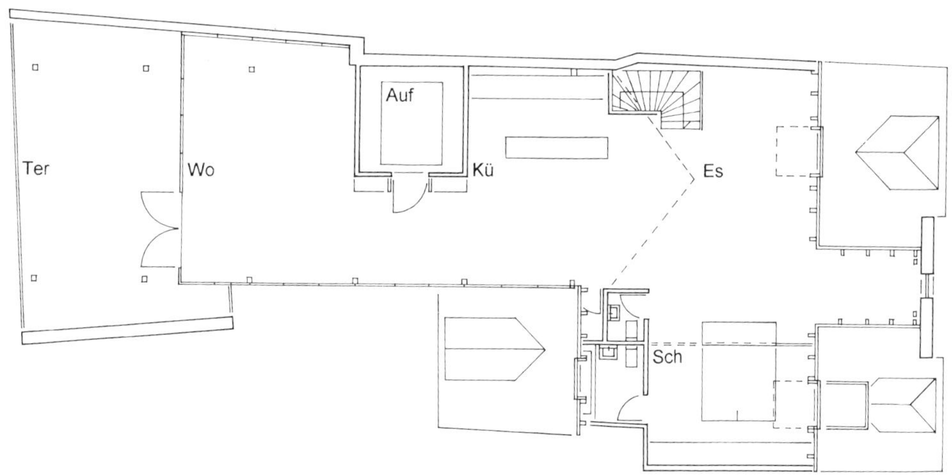

Dachgeschoß

Baudaten

Bestand:	Sattel- und Flachdach
Baujahr:	1914
Anzahl der Bewohner:	2
Wohnfläche vor dem Ausbau:	0 m²
Wohnfläche nach dem Ausbau:	120 m²
darüber hinaus Nutzfläche:	20 m²
Baukosten, gesamt:	DM 290 000,--

Aufstockung in Hamburg
Architekten: Spengler & Wiescholek, Hamburg

Drunter und drüber

Die Siedlung im Hamburger Stadtteil Wedel ist durch sehr verschiedene Einfamilienhaustypen unterschiedlicher Baumassen und Baujahre charakterisiert.
Der Anfang der siebziger Jahre erbaute Flachdachbungalow mit seiner für die Zeit typischen weiß geschlämmten Kalksandsteinfassade nimmt sich in seinem Volumen gegenüber seinen Nachbarn eher bescheiden aus. Die Architektur des Hauses folgt der Funktion und ist sowohl im Grundrißschema als auch in der äußeren Gestaltung klar und eindeutig gegliedert.
Der Entwurf der neuen Aufstockung folgt ebenfalls dieser architektonischen Auffassung eines unprätentiösen und strukturierten Baukörpers und wird in seinem äußeren Erscheinungsbild stark von den statischen Vorgaben bestimmt. Da eine zusätzliche Belastung der vorhandenen Fundamente nicht möglich war, wurde eine separate, vom Altbau komplett unabhängige Lastabtragung erforderlich, die als eine Art Brückenkonstruktion Lasten ohne Berührungspunkte mit dem Bestand über vier Stahlprofile neben der bestehenden Sohle in eigene Fundamente einleitet. Konsequent sind dann sämtliche raumbildenden Elemente wie Fußböden, Decken, Innen- und Außenwände, die, um Gewicht und Zeit zu sparen, bereits fertig als vorelementierte Holzbauteile auf der Baustelle angeliefert wurden, in die entstandene Stahlrahmenkonstruktion eingehängt worden.
Die separate Erschließung der Wohnung geschieht über eine außenliegende Stahltreppe,

Die Ansichten der beiden Seiten verdeutlichen das statische Prinzip: An dem Altbau vorbei werden die Lasten des Obergeschosses über vier Stützen abgetragen.

Die Dachterrasse verläuft entlang der Glasfassade und ist von jedem Raum aus zu begehen.

Wie das äußere Erscheinungsbild ist auch der Innenraum durch das statische Konzept geprägt.

die einen Teil der ehemaligen Garage beansprucht.
Im Prinzip besteht der Grundriß des aufgestockten Geschosses aus einem einzigen Raum, in den eine Box mit einer Küche und einem kleinen Duschbad eingestellt ist. Der Schlafbereich ist durch eine Wandscheibe vom Gesamtraum abgetrennt, läßt sich aber mittels einer Schiebetür graduell dem Hauptraum zuschalten.
Während die Nord- und Ostseiten der Aufstockung fast ganz geschlossen sind, öffnen sich die Räume durch bodengleiche, großflächige Fensterelemente nach Süden und Westen. Zusätzlich ergänzt eine über die Hausbreite vorgelagerte große Dachterrasse die Wohnung und schafft einen Übergang von innen nach außen.
Auch im Innenraum ist die Tragstruktur der Aufstockung durch die unverkleideten, lediglich verzinkten Stahlträger unter der Decke und hinter der Fassade nicht nur erlebbar, sondern der Weg der Lastabtragung auch nachvollziehbar geblieben.
Im Ergebnis ist ein kubischer Baukörper entstanden, der bewußt und sensibel an die Architektursprache des vorhandenen Altbaus anknüpft, ihn aber weder kopieren noch kaschieren will. Im Gegenteil, ein klares Übereinander ist gewünscht – und deutlich sichtbar.

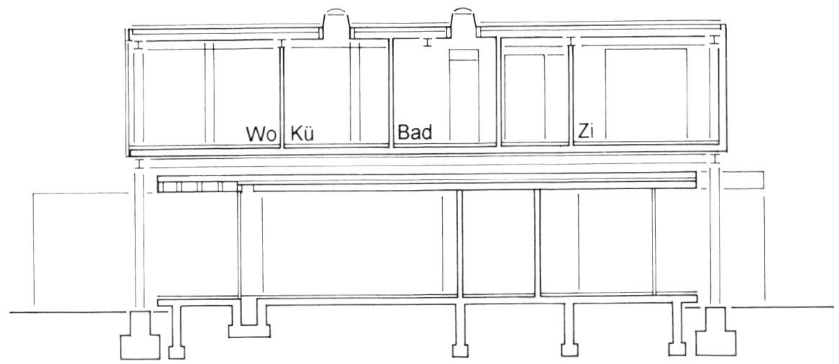

Schnitt

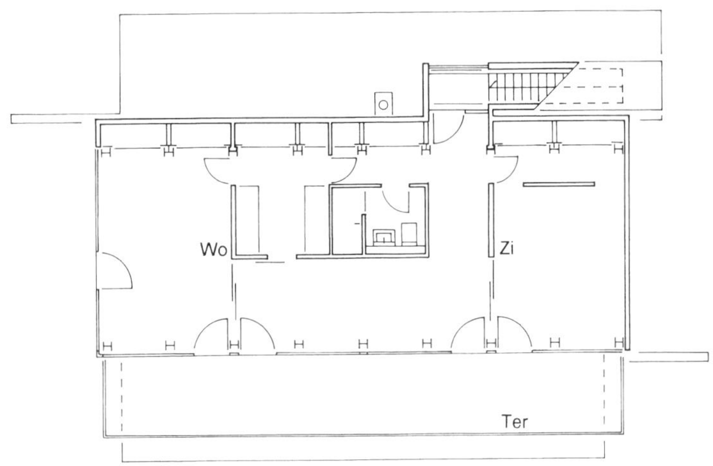

Dachgeschoß

Baudaten

Bestand:	Flachdach
Baujahr:	1971
Anzahl der Bewohner:	2
Wohnfläche vor dem Ausbau:	0 m²
Wohnfläche nach dem Ausbau:	85 m²
Baukosten, gesamt:	DM 520 000,--

Dachausbau in Hannover
Architekten: Prof. Dr. Andreas Uffelmann, Hannover, mit Spehr und Spehr, Hannover

Neuer Stil in altem Gehäuse

Das Hindenburgviertel in Hannover erhielt seinen Namen durch ein Wohnhaus, in dem der ehemalige Reichskanzler eine Zeitlang gelebt hatte. Geprägt von größeren und kleineren Villen, die vorwiegend um die Jahrhundertwende entstanden sind, und durchgrünt von altem Baumbestand, gehört das Wohnquartier zu einem der attraktivsten in Hannover.
Die umzubauende Jugendstilvilla war nach dem Krieg in städtisches Eigentum gelangt und im Lauf der Jahre von ständig wechselnden Mietern stark beansprucht worden.
Die neuen Eigentümer planten nun, das Gebäude gemäß den strengen Auflagen der Denkmalschutzbehörde von Grund auf zu renovieren und das Dachgeschoß einschließlich des bis dahin ungenutzten Spitzbodens zu einer anspruchsvollen und geräumigen Wohnung umzubauen.
Entwurfsziel der beauftragten Architekten war es, die repräsentativen Qualitäten des Altbaus wie die zu allen Seiten vorhandenen Erker und Gauben mit neuen räumlichen Qualitäten durch den Einbau zeitgemäßer Elemente und Materialien zu verbinden.
Die architektonische Idee sieht ein offenes Wohnkonzept vor, das als wesentliche Bestandteile einen bis in den Spitzboden reichenden Luftraum und eine offene, zum Eßplatz und Wohnbereich orientierte Küche beinhaltet.
Alle am Gebäude vorhandenen Erker und Gauben sind in ihrer besonderen Raumwirkung so in den Entwurf integriert, daß die

Der Ausgangspunkt: eine Jugendstilvilla in einer ruhigen Wohngegend in Hannover.

Der Innenraum besticht durch seine klare Linienführung.

Die Badewanne im Erker.

Der Küchenbereich mit Eßplatz.

Der zweite Wohnraum im Spitzboden mit sichtbar belassenen Kehlbalken.

ihnen zugeordneten Funktionsbereiche eine charakteristische Eigenart erhalten.
Das über die Gebäudeecke hinausragende, nach Südwesten gerichtete Turmzimmer bietet Platz für eine gemütliche Leseecke.
Die Badewanne findet in einer Erkernische Platz; der Eßtisch steht unter einem kleinen Giebel.
Intime Bereiche wie Schlafzimmer, Bad und Ankleideraum sind durch einen kleinen Flur von den offenen Wohnflächen getrennt. Auf der Galerie belichten einige neue Dachflächenfenster den dortigen Arbeitsbereich. Dabei sind die Fenster so angeordnet, daß sie das äußere Erscheinungsbild der ohnehin unruhigen Dachflächen nicht weiter stören.
Der Innenraum wurde mit zurückhaltenden Farbtönen elegant und gleichzeitig freundlich und hell gestaltet. Passend zu den mittelgrau lasierten Holzfußböden, den integrierten Fußleisten, den weiß verputzten Wänden sowie der anthrazitfarbenen Stahlwangentreppe wurde die neue Möblierung ausgewählt und mit den vorhandenen Antiquitäten der Bauherren stilvoll ergänzt.

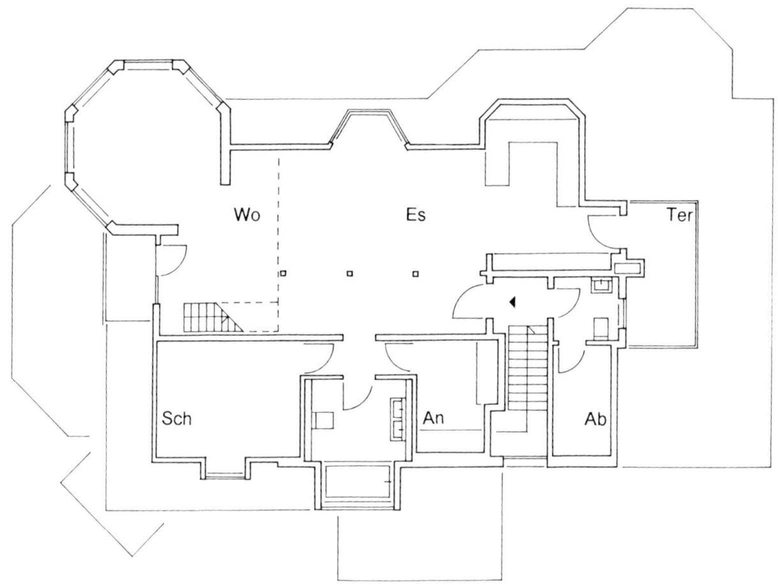

Dachgeschoß

Baudaten

Bestand:	Walmdach
Baujahr:	1912
Anzahl der Bewohner:	1
Wohnfläche vor dem Ausbau:	keine Angabe
Wohnfläche nach dem Ausbau:	120 m²
Baukosten je m² WF:	DM 1 460,--
Baukosten, gesamt:	DM 180 000,--

Aufstockung in Bremen
Architektin: Jutta Unland, Bremen

Sanfte Sanierung

Die vorgefertigte Stahlkonstruktion wird per Kran aufgesetzt.

In einem alten Wohngebiet Bremens unweit des Zentrums erwarben die Bauherren ein kleines, niedriges Stadthaus in einer geschlossenen Häuserzeile, das sowohl als Büro als auch als Wohnung genutzt werden sollte. Dazu mußte die nur 65 m² kleine Wohn- und Nutzfläche jedoch zunächst auf eine Größe von 130 m² verdoppelt werden.
Um die gegebenen Proportionen des Nachbarbestandes und die in der Straße vorherrschende kleingliedrige Parzellenstruktur beizubehalten, entschieden sich die Eigentümer zunächst für einen eher konventionellen Weg der Raumerweiterung, einen hofseitigen Anbau über alle Ebenen.
Weil die Bausubstanz des 1850 gebauten Hauses keine weiteren Traglasten zuließ, wurde auf die Erdgeschoßmauern eine komplett vorgefertigte Stahlkonstruktion als neue Aufstockung in Zentimeterarbeit aufgesetzt. Die neue Traufkante übersteigt leicht die Traufhöhe der direkten Nachbarhäuser. Durch eine zusätzlich in die Fassade integrierte Gesimskante stellte die Architektin jedoch den Bezug zu den Nachbartraufen feinfühlig wieder her.
Die neue Aufstockung ermöglichte Dämmeigenschaften, die den heutigen Wärmeschutzanforderungen trotz des hohen Fensteranteils genügen. Zur Straßenseite ist der Unterschied zwischen Alt und Neu zweifellos erkennbar, bildet aber durch die strenge Linienführung und die zurückhaltend eingesetzten Gestaltungselemente keinen lauten Kontrast. So wurde das erste Obergeschoß zwar

Die zurückhaltend gestaltete Vorderfassade.

Problemlos fügt sich der Umbau in den Straßenzug ein.

Die farbigen Brüstungselemente beleben die Rückfassade.

Der Aufgang zur Küche und der Abgang zum Bad.

Die einläufige Stahltreppe führt zur Schlafempore.

bis auf eine niedrige Brüstung komplett verglast, es wirkt jedoch aufgrund der teilweisen Abdeckung durch die vorgesetzten, hellen Holzlamellen angenehm unauffällig. Die freigebliebene Fensterfläche bildet mit Eingang und Dachgeschoßgaube eine klare und mit der Umgebung korrespondierende vertikale Achse.
Im gegenüber dem Altbau räumlich deutlich erweiterten Dachgeschoß befindet sich jetzt das Schlafzimmer.
Auf der nach Süden orientierten Hofseite bietet der tiefer als das Erdgeschoß angesetzte Anbau als »Naßzellenturm« ein zusätzliches Raumangebot über drei Ebenen. Über Treppen mit den vorderen Arbeits- und Wohnbereichen verbunden, beherbergt dieses Hinterhaus einen Arbeitsplatz mit Gäste-WC, ein Bad und eine kleine, kompakt eingerichtete Küche.
Die farbigen Balkonbrüstungen aus rot lasierten Furnierschichtholzplatten und weißgestrichenem Eternit dienen dabei als gestalterisches Mittel, das die Rückfassade klar und graphisch überzeugend gliedert.

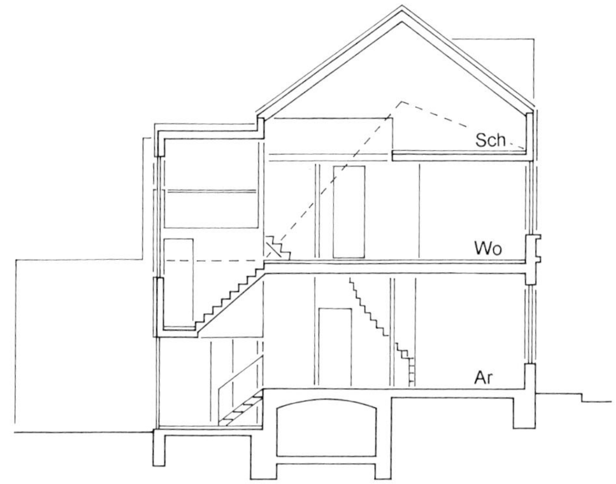

Schnitt

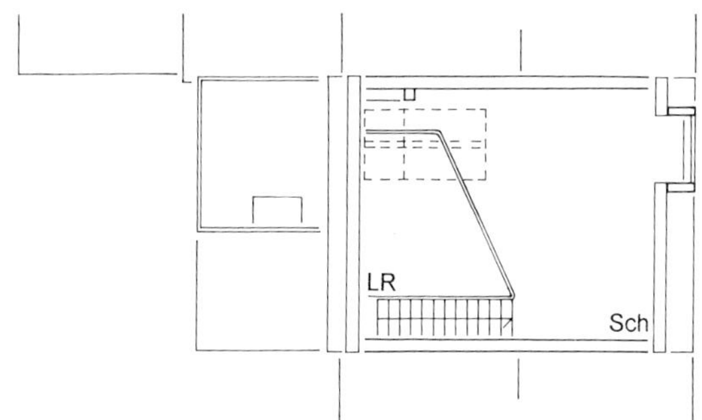

Dachgeschoß

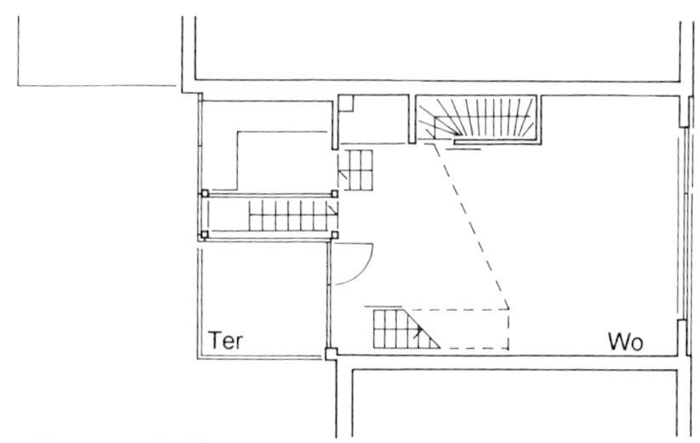

Obergeschoß

Baudaten

Bestand:	Satteldach
Baujahr:	1850
Anzahl der Bewohner:	3
Wohnfläche vor dem Ausbau:	65 m²
Wohnfläche nach dem Ausbau:	120 m²
darüber hinaus Nutzfläche:	10 m²
Baukosten je m² WF:	DM 2 300,--
Baukosten, gesamt:	DM 277 000,--
Eigenleistung:	DM 35 000,--

Dachausbau und Aufstockung in Pullach
Architekten: Norbert Weickenmeier und Alexander Reichel, München

Doppelhaus mit Turmzimmer

Am Rande des Ortes Pullach im idyllischen Isartal befindet sich ein aus den 50er Jahren stammendes Doppelhaus mit großem, eingewachsenen Garten, dessen westliche Haushälfte grundlegend saniert werden mußte. Im Zuge der Planungsüberlegungen entschieden sich die Bewohner, das Haus nicht nur zu renovieren, sondern bei dieser Gelegenheit gleich in zwei Richtungen zu erweitern.
Zum einen wurde an der südlichen Hausseite zum Garten ein feingliedriger Wintergarten angebaut, zum anderen das Dachgeschoß komplett ausgebaut.
Neben dem eigentlichen Dachausbau erhielt das vorhandene Satteldach über die Breite des darunterliegenden Wintergartens noch eine markante Aufstockung mit gleicher Dachneigung, die sich als wirkungsvoller Akzent von dem typischen Doppelhausprofil absetzt.
Die Konstruktion der Aufstockung besteht wie das bereits vorhandene Dach aus einem zimmermannsmäßigen Sparrendachstuhl und massiv gemauerten Giebelwänden, die mit ihren tiefliegenden Fenstern das Motiv der massiven Wand als Lochfassade unterstreichen.
Das Dach erhielt neue Biberschwänze als Dachziegel – in harmonischer Anpassung an die Nachbarbebauung. Die Ortgangziegel wurden auf traditionelle Weise eingeputzt. Fenster und Fensterbänder einschließlich Wintergarten sind aus Lärchenholz, das wohltuend mit der hellen Innen- und Außengestaltung des Hauses kontrastiert.

Die Doppelhaushälfte in ursprünglichem Zustand.

Neben der Aufstockung ist die Haushälfte um einen filigranen Wintergarten ergänzt worden.

Der Dachraum.

Die Treppe in der Fuge zwischen Alt und Neu.

Die neugestaltete Lochfassade.

Alle Außenwände wurden mit einem 10 cm starken Wärmedämmverbundsystem aus Mineralfaserdämmung umhüllt und mit einem weiß eingefärbten mineralischen Deckputz versehen.
An der Nahtstelle zwischen Alt und Neu verbindet eine Treppe das Dachgeschoß mit dem »Turmzimmer«, einem Dachstudio, das als privater Arbeitsraum genutzt wird. Die hölzernen Treppenstufen sind im unteren Bereich auf Wangen gelagert, darüber von innen abgehängt, so daß sie im Bereich des Altbaus als positive und jenseits der früheren Außenwand als negative Form erscheinen.
Innen wirkt die Aufstockung durch die großen Fenster sehr hell. Durch den Verzicht auf einen Kniestock entsteht der Eindruck eines Zeltinnenraums.
Der ehemalige, nur als Kriechboden zu gebrauchende, feuchte Dachboden konnte durch den Umbau in eine räumlich spannungsvolle, lichte und nutzungsintensive Wohnfläche verwandelt werden. Die Architekten suchten nicht den lauten Kontrast, sondern entwickelten mit viel Einfühlungsvermögen eine klare und einfache Formensprache, die das Haus in seinem Charakter beläßt, gleichwohl aber den veränderten Bedürfnissen der Bewohner anpaßt.

Schnitt

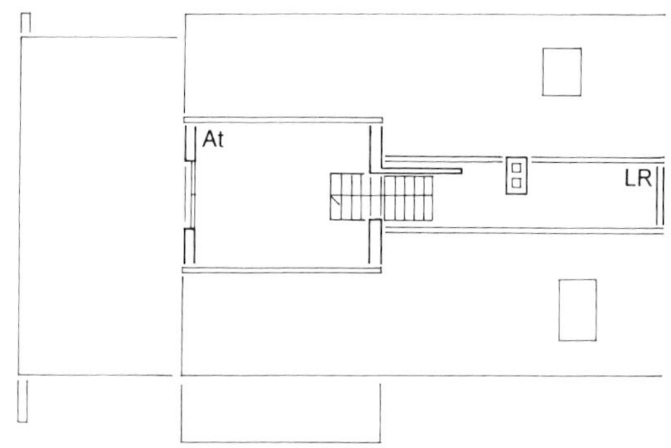

Dachgeschoß

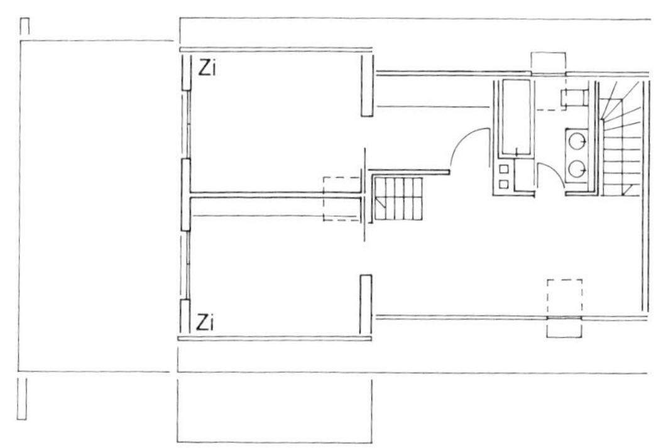

Obergeschoß

Baudaten

Bestand:	Satteldach
Baujahr:	1951
Anzahl der Bewohner:	3
Wohnfläche vor dem Ausbau:	67 m²
Wohnfläche nach dem Ausbau:	112 m²
Baukosten, gesamt:	DM 380 000,--

Dachausbau in Hamburg
Architekten: Werk & Stadt
Planungsgemeinschaft, Hamburg

Große Klappe

Der gaubenbreite Balkon wird durch das weit überkragende Dach geschützt.

Mächtig thront die zinkverkleidete Gaube auf dem dreigeschossigen Altbau.

Die Bauherrenfamilie hatte lange nach einem geeigneten Haus gesucht, das ihrem Wunsch nach »befreitem« Wohnen mitten in der Stadt entsprechen sollte. Im Hamburger Stadtteil Ottensen wurden sie in einer ruhigen Seitenstraße schließlich fündig und kauften ein sanierungsbedürftiges dreigeschossiges Mehrfamilienhaus, das Anfang dieses Jahrhunderts erbaut worden war. Mit dem Erwerb verband sich nicht nur der Wunsch nach einer Wohnung für die eigene Familie, sondern auch nach einem geeigneten Objekt, in dem sich in einer Art alternativem Wohnmodell nach und nach durch den Einzug befreundeter Familien eine echte Hausgemeinschaft realisieren lassen sollte.
Dem Dachgeschoß zur Eigennutzung galt das besondere Interesse der Neueigentümer. Dieses war bis dahin unausgebaut und hatte als Bodenraum gedient. Die Dachstuhlkonstruktion befand sich allerdings in einem baulich so bedenklichen Zustand, daß eine Erhaltung nicht mehr in Frage kam. Zum einen waren die Querschnitte der Sparren durch eine früher wegen Schädlingsbefall vorgenommene Sanierung stark geschwächt – das befallene Holz war damals abgebeilt worden – zum anderen war der Dachstuhl zur Nordseite hin abgewalmt. Eine wohnliche Nutzung wäre so durch die geneigte Ebene stark eingeschränkt worden.
Die Architekten konzipierten daher einen vollständig neuen Dachstuhl, der statt des ehemaligen Walmdachs ein Satteldach vorsah. Dieser Eingriff gewährleistete nicht nur

Der Umgang an der Westseite.

Eindruck vom Innenraum mit sichtbaren Konstruktionselementen.

eine bessere räumliche Ausnutzung, sondern eröffnete auch mit Hilfe der neu entstandenen geraden Giebelwand die städtebauliche Möglichkeit, die benachbarte Baulücke als Blockrand wieder zu schließen, was kurz nach Fertigstellung des Dachgeschosses auch geschah.
Ein großes Problem des Dachausbaus lag in der Struktur des Hauses selbst. Das ursprünglich bis zur rückwärtigen Außenwand verlaufende Treppenhaus trennte die Dachebene in zwei Teile, was eine Verbindung des gesamten Bodenraums auf der nach Westen gerichteten Seite ausschloß.
Um dem Bauherrenwunsch nach einem trotz aller Restriktionen möglichst offenen Grundriß entgegenzukommen, wurde das Treppenauge verkleinert. Damit war die Idee der großen Gaube auf der Westseite geboren, die nun den Umgang um das mitten in der Wohnung liegende massive und geschlossene Treppenhaus erlaubt.
Diese zinkverkleidete Dachgaube ist mit einem zur Verschattung weit auskragenden Dach versehen, das wie ein Laden wirkt, mit dem sich die Fassade bei Bedarf schließen läßt. Nach außen stellt sie das markante und prägende Element des neuen Dachausbaus dar. Ihr vorgelagert ist ein Balkon, der mit Holzbohlen belegt einem Hochsitz gleich in luftiger Höhe schwebt.

Baudaten

Bestand:	Satteldach, einseitig abgewalmt
Baujahr:	1908
Anzahl der Bewohner:	4
Wohnfläche vor dem Ausbau:	0 m²
Wohnfläche nach dem Ausbau:	105 m²
Baukosten je m² WF:	DM 2 800,--
Baukosten, gesamt:	DM 300 000,--

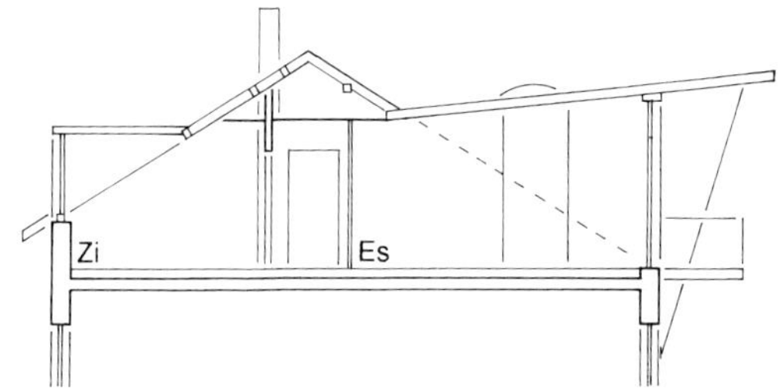

Schnitt

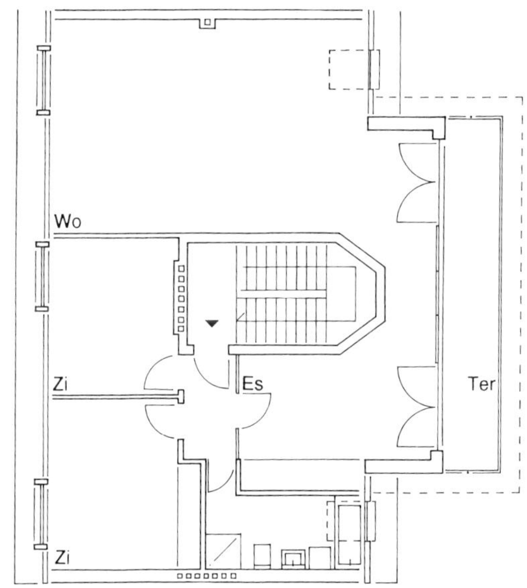

Dachgeschoß

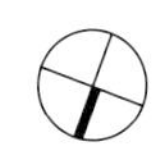

Vier Generationen und ein Dach

Der Zustand des Hauses vor dem Umbau.

Die gleiche Ansicht wie zuvor, knapp ein Jahr später.

Wenn Eltern ein Grundstück in guter Lage besitzen, so können sich Töchter oder Söhne mit eigener Familie manchmal nur schwer entscheiden, wegzuziehen und sich an anderem Ort niederzulassen. Häufige Variante in solchen Fällen ist die Teilung des Grundstücks. Eltern / Großeltern bewohnen dann das alte Haus vorne, während eines der Kinder den hinteren Grundstücksteil (Pfeifenkopf) bebaut.

Einen anderen Weg zu einer Mehrgenerationen-Lösung zeigt das Beispiel einer Familie in Reutlingen auf:

Ihr in den 60er Jahren gebautes Einfamilienhaus befindet sich auf einem großen, nach Süden abfallenden Grundstück mit herrlichem Panorama auf den Nordrand der schwäbischen Alb und die Stadt. Ursprünglich verfügte das Haus über ein Hanggeschoß mit den Schlafräumen sowie ein darüberliegendes Hauptgeschoß, das vom Niveau der Straße ebenerdig zu erschließen war.

Die Aufgabe für den Architekten bestand nun darin, die Wohnnutzung des Hauses zu intensivieren und drei Wohneinheiten für sieben Bewohner – Großmutter, Eltern und die vierköpfige Familie des Sohnes – zu schaffen. Jeder der Bewohner sollte dabei sein ungestörtes Eigenleben führen und trotzdem bei Bedarf familiäre Nähe und Hilfe erfahren können. Wichtig war für alle Wohnungen die Zuordnung von individuellen, separaten Eingängen und privaten Außenräumen.

Der Architekt plante die Umwandlung in einen zweigeschossigen Baukörper, wobei die

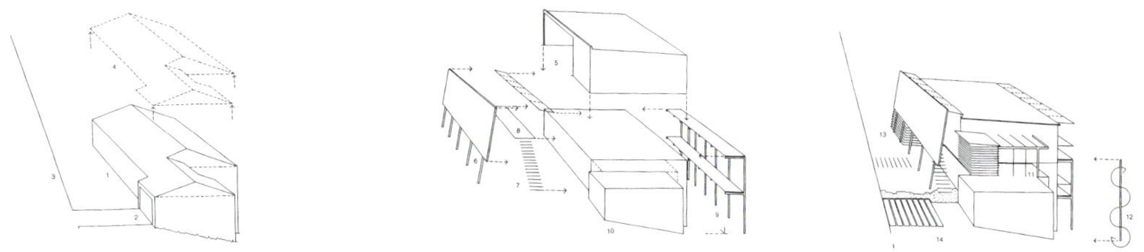

Die einzelnen Baumaßnahmen im Überblick.

Der Eingang zum oberen Geschoß verbirgt sich hinter der losgelösten Wandscheibe.

Der ursprüngliche, weiße Baukörper und die holzverkleidete Aufstockung gehen eine stimmige Verbindung ein.

Die Fuge zieht sich konsequent bis in das Schlafzimmer.

Außenmaße des Bestandes erhalten blieben. Das aufgesetzte Geschoß bewohnt nun die Familie des Sohnes. Erschlossen wird die Wohnung über eine außenliegende, leichte Stahltreppe. Sie verschwindet hinter der schrägen, holzbekleideten Wandscheibe an der Nordseite, die sich in ironisierender Weise mit dem Dach der Nachbarbebauung in der Straße auseinandersetzt und das Thema Mansarddach modern interpretiert. Das aufgestockte Geschoß besteht aus drei Räumen, die nach Süden orientiert sind, und einer von oben belichteten Zone mit Windfang, Küche und Bad. Ein vierter Raum – das Elternschlafzimmer – wird sowohl über den Oberlichtstreifen als auch durch ein nach Osten gerichtetes Fenster belichtet.
An der Südseite des Gebäudes sind große Fensteröffnungen, vor denen sich der zweigeschossige, sich über die gesamte Hauslänge erstreckende Balkonvorbau befindet.
Auf der Erdgeschoßebene befinden sich die Wohn- und Schlafräume der Eltern, während die Großmutter nun die ebenfalls auf dieser Ebene befindliche Einliegerwohnung bewohnt – die ehemalige Garage. Eine durchgehende Wendeltreppe verbindet alle Wohneinheiten und den Garten miteinander. Die Schichtholz-Konstruktion der Aufstockung spannt über elf Meter Länge mit einem Zwischenauflager in der Hausmitte. Das Oberlichtband wird im Sommer zum Schutz gegen zu starke Sonneneinstrahlung mit Schilfmatten belegt. Abgesehen von den farbigen Öffnungsflügeln sind alle Holzflächen unbehandelt oder in ihren natürlichen Farbtönen gehalten.

Baudaten

Bestand:	Satteldach
Baujahr:	1966
Anzahl der Bewohner:	7
Wohnfläche vor dem Ausbau:	163 m²
Wohnfläche nach dem Ausbau:	366 m²
Baukosten je m² WF:	DM 2 570,--
Baukosten, gesamt:	DM 520 000,--

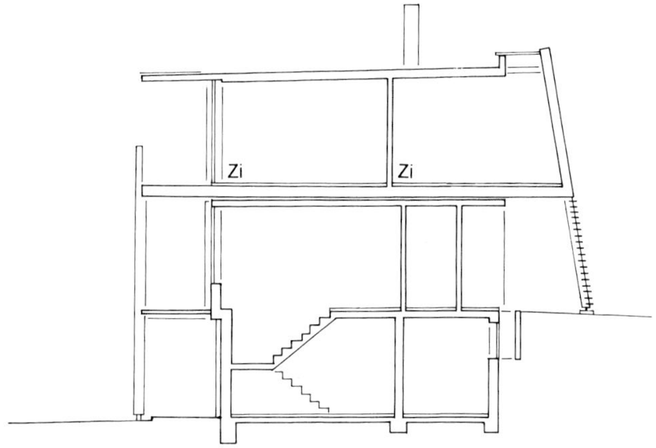

Schnitt

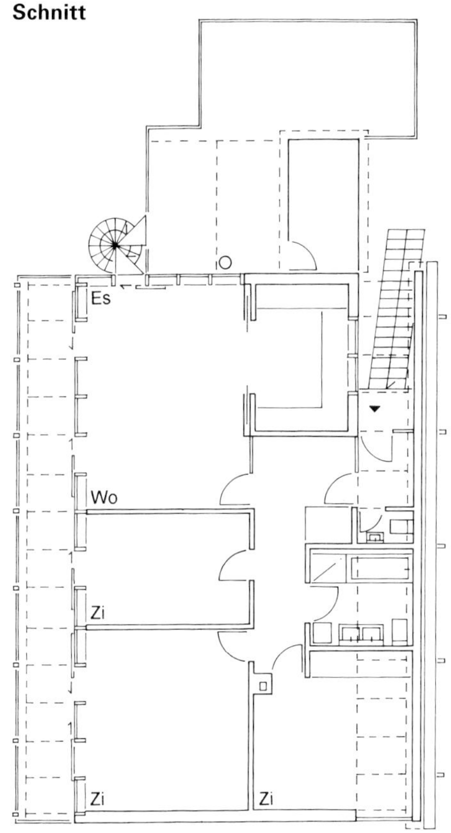

Dachgeschoß

Sanierung und Modernisierung

Der erste Schritt – die Bestandsanalyse

Vor dem Erwerb eines Dachbodens zum Ausbau oder einer Dachfläche zur Aufstokkung zu Wohnzwecken sollte neben bereits beschriebenen planerischen Überlegungen die Bausubstanz des Objektes einer gründlichen Bestandsanalyse unterzogen werden. Die ausführliche Begehung der potentiellen Baustelle mit einem sanierungserfahrenen Architekten und einem Statiker sollte am Anfang der Überlegungen stehen, um schnellstmöglich die Frage zu beantworten, ob sich der vorgefundene Bestand überhaupt für die geplante Bauaufgabe eignet. Ein in vielen Fällen mindestens ebenso wichtiger Fachmann ist der Baubiologe oder auch Bautenschützer, da gerade bei alten Dachstühlen und Holzbalkendecken je nach Zustand fast immer mit pflanzlichem oder tierischem Schädlingsbefall zu rechnen ist.
Die beim Dachausbau entscheidenden Gewerke wie Zimmermann, Dachdecker, Klempner und Heizungsbauer sollten ebenfalls frühzeitig eingebunden werden, weil sie mögliche bauliche Risiken identifizieren und vielleicht schon eine erste grobe Kostenschätzung geben können.

Folgender Fragenkatalog kann bei der technischen Bestandsanalyse zu Rate gezogen werden:

1. Ist die Tragkonstruktion des Dachstuhls unverändert geblieben oder wurden bereits Eingriffe vorgenommen, wie zum Beispiel das Entfernen von Pfosten oder Windrispen? Das bestehende statische System des Dachstuhls muß auch die Lastabtragung der neuen Konstruktion sicherstellen. Ob eventuell fehlende Bauteile zu ergänzen oder zu verstärken sind, kann durch einen eingeschalteten Statiker geklärt werden.

2. Sind die tragenden Hölzer, Ständer, Pfetten, Dachlatten, Balkenköpfe im Mauerwerk etc. ohne Zweifel frei von Durchfeuchtungen und Schädlingsbefall?
In der Regel entstehen Durchfeuchtungen durch Undichtigkeiten in der Dachdeckung und ihren Anschlüssen. Diese sind zunächst zu sanieren, völlig durchfeuchtete Bauteile auszutauschen. Bei Schädlings- oder Fäulnisbefall lassen sich die Holzteile chemisch behandeln. Bei dem wegen der Ausbreitungsgefahr meldepflichtigen Hausschwamm müssen die Holzteile komplett ausgewechselt werden. Klarheit bringt hier nur die Begutachtung durch einen Holzschutzfachmann.

3. Verfügt die Dachbodendecke über eine hinreichende Tragfähigkeit für einen Dachausbau oder eine Aufstockung ?

Die statische Überprüfung des Bestandes kann ergeben, daß die Decke nur für geringe zusätzliche Belastungen geeignet ist. Entweder werden die vorhandenen Dachbalken verstärkt oder weitere Dachbalken eingebaut.

4. Ist die bestehende Dachdeckung bereits löcherig oder sind nur einzelne Pfannen von Witterungseinflüssen teilweise oder ganz zerstört worden?
Hier reicht die erforderliche Sanierungsmaßnahme von begrenzten Ausbesserungen bis hin zur kompletten Erneuerung der Deckung, wobei gleichzeitig Feuchtigkeitssperren und Wärmedämmstoffe eingebaut werden können.

5. Sind die Blei- und Zinkanschlüsse der Dachdeckung an Schornsteinen, Dachfenstern und aufgehenden Mauern noch intakt und die Regenrinnen / Fallrohre eventuell korrodiert oder undicht?
Bei einem nicht einwandfreien Zustand von Anschlüssen und Rinnen kann eine gänzliche Erneuerung angeraten sein, da sich Undichtigkeiten in der Dachhaut häufig erst mit langer zeitlicher Verzögerung bemerkbar machen und zwischenzeitlich schon erhebliche Schäden verursacht haben können.

6. Werden die vorhandenen, unter Umständen baufälligen bzw. versotteten Schornsteine weiter genutzt ?
Nicht aktive Schornsteine sind oft vor allem oberhalb der Dachdeckung stark durchfeuchtet und dadurch gerissen und baufällig. Auch für die neue Dachnutzung nicht mehr benötigte Schornsteine sollten somit abgetragen werden. Kommen sie dagegen für die neue Gasheizung der Dachwohnung oder als offener Kamin zum Einsatz, sind sie in Absprache mit dem zuständigen Schornsteinfeger gründlich zu sanieren.

Holz und Holzschutz

Beim Dachausbau oder bei der Aufstockung hat der Baustoff Holz im Wortsinne tragende Bedeutung. Durch Gewicht, Tragfähigkeit und nicht zuletzt auch der Kosten wegen ist und war Holz der Baustoff speziell für die hier thematisierte Bauaufgabe als Tragkonstruktion für Dächer.
Holz ist ein organischer Baustoff, der dadurch anderen Pflanzen und Tieren reichlich Nährstoffe bietet. Zwar werden auch andere Baustoffe wie Mauerwerk und Putz von Schädlingen befallen. Im Grunde bedeutet Schädlingsschutz aber vor allem Holzschutz.
Befallenes Holz ändert seine mechanischen, chemischen und physikalischen Eigenschaften. Das bedeutet, daß die Druck-, Zug- und Biegefestigkeit der Balken dramatisch abnehmen und in schlimmen Fällen bis zum Einsturz der Konstruktion führen können.
Am Anfang einer Holzschutzmaßnahme steht eine genaue Befallsprüfung, die in jedem Fall von einem Fachmann durchgeführt werden sollte. Unterschieden wird zwischen zerstörender und zerstörungsfreier Überprüfung. Unter zerstörende Methoden fällt vor allem das häufig angewendete Abbeilen, bei dem die deckende Außenschicht des befallenen Bauteils soweit mit dem Beil abgeschlagen wird, daß die befallenen Stellen sichtbar werden bzw. das geschädigte Holz bis in den gesunden Teil entfernt wird. Hiermit geht nicht selten eine Verschlechterung der statischen Eigenschaften der Konstruktion einher. Behutsamer sind die zerstörungsfreien Untersuchungsarten wie zum Beispiel das Anbohren mit Bohrern kleinen Durchmessers, wonach sich nach dem Bohrwiderstand der Zerstörungsgrad des Holzes feststellen läßt. Die gebräuchlichste Methode zur Schadensermittlung ist mittlerweile die Endoskopie, bei der eine kleine Beobachtungssonde durch ein Bohrloch in Hohlräume eingeführt wird.

Bei pflanzlichen Schädlingen sind vornehmlich Pilze bzw. Schwämme von Bedeutung. Vorkommende Pilzarten sind Porenschwamm, Kellerschwamm und der Echte Hausschwamm, wobei es sich bei der letztgenannten um die zerstörerischste Art handelt. Grundsätzlich bilden sich Pilze bevorzugt dort, wo sie für sich neben dem Nährboden Holz günstige Temperatur- und insbesondere Feuchtigkeitsverhältnisse vorfinden. Am ehesten tritt der Schwamm an dunklen Stellen auf, da er für seinen Stoffwechsel kein Chlorophyll benötigt. Wegen der Ausbreitungsgefahr ist Schwammbefall nach den meisten Landesbauordnungen meldepflichtig.

Als tierische Schädlinge sind in erster Linie Holzbock und Holzwurm zu nennen, die durch ihre hinterlassenen Fluglöcher und Bohrmehlhäufchen eindeutige Zeichen des Befalls geben.

Holzschutzmaßnahmen lassen sich unterteilen in bauliche und chemische Maßnahmen, wobei dem baulichen Schutz die größte Bedeutung zukommt. Hierunter ist vor allem bei der Altbausanierung die nachträgliche Verbesserung gefährdeter Details zu verstehen, zum Beispiel durch den Einbau zusätzlicher Durchlüftungsebenen und raumseitiger Dampfsperren.

Bauliche Maßnahmen zur Schwammbekämpfung beinhalten ein sorgfältiges, über den Befallsbereich hinausgehendes Entfernen des angegriffenen Holzes, das gesondert entsorgt werden muß.

Wärmedämmung

Die Funktionstüchtigkeit der Wärmedämmung von Dächern wird bestimmt durch Material, Dicke und Ausführung der Dachkonstruktion sowie durch die geplante Nutzung unter dem Dach. Die geltende Wärmeschutzverordnung schreibt für geneigte Dachflächen von ausgebauten Dachgeschossen die Einhaltung bauphysikalischer Mindestanforderungen vor, die für einen ausreichenden Wärme- und Umweltschutz sorgen. Danach ist bei Neubauten, wie zum Beispiel einer Dachaufstockung, mindestens ein k-Wert von 0,30 für Dachschrägen, beim nachträglichen Ausbau von Altbauten mindestens 0,45 erforderlich. Der k-Wert des Dämmaterials als sogenannter Wärmedurchlaßkoeffizient gibt an, welche Wärmemenge durch einen Quadratmeter dieser Dämmung bei einem Temperaturunterschied von einem Grad zwischen Innen- und Außentemperatur hindurchgeht. Die neben der Wärmeschutzverordnung bestehende DIN 4108 enthält darüber hinaus Regelungen, deren Beachtung ein behagliches Raumklima schafft und Feuchteschäden verhindert.

Die gebräuchlichste Form der Wärmedämmung – insbesondere bei der Sanierung bestehender Gebäude – ist die Zwischensparrendämmung. Hierbei ist der Einbau einer darüberliegenden Unterspannbahn und raumseitig einer Dampfsperre erforderlich, bei bestimmten Dämmstoffen, zum Beispiel Schafwolle, sind diffusionsoffene Ausführungen möglich.

Seltener wird eine Untersparrendämmung gewählt, weil diese den nutzbaren Dachraum verkleinert und häufig zu unangenehm tiefen Laibungen bei Fenstern und Dachöffnungen führt. Der Vorteil liegt allerdings in dem großen belüfteten Sparrenraum.

Eine nachträgliche Wärmedämmung über den Sparren bringt meist eine Menge an Anschlußproblemen mit sich, da alle vorhandenen Rinnen, Ortgang- und Schornsteinanschlüsse mit ihren Eindichtungen verändert weden müssen.

Darüber hinaus verändert diese Maßnahme sehr stark das äußere Erscheinungsbild des Hauses.

Dachbelichtung

Ein unausgebauter Dachboden eines alten Hauses verfügt in der Regel nur über sehr kleine Belichtungsflächen wie einfache Ausstellfenster oder gläserne Ziegel. Die Bauordnungen der Länder schreiben vor, daß die Fensterflächen von Räumen einer Dachgeschoßwohnung mindestens ein Achtel der Grundfläche betragen müssen. Als anzurechnende Grundfläche ist nur die Fläche mit mehr als 1,50 Meter dazugehöriger Raumhöhe zu berücksichtigen. Wie bei Veränderungen der Fassade sind bei dem Einbau neuer Fenster die bestehenden Gestaltungssatzungen zu beachten, die mitunter sehr weitgehend sein können. So ist hier beispielsweise die Zulässigkeit von Gauben und Gaubengrößen sowie von Formen und Materialien häufig geregelt.
Jedes nachträglich eingebaute Dachfenster ist unabhängig von seiner Bauart ein Eingriff in die vorhandene Dachdeckung, die Dachhaut und die tragende Dachkonstruktion. Wegen des Dichtungsrisikos sollten daher alle Arbeiten im Bereich der neuen Fenster mit größter Sorgfalt durchgeführt werden,

um das spätere Auftreten von Wärmebrücken, Leckagen oder Zugerscheinungen zu vermeiden.

Am unproblematischsten ist der Einbau von Dachflächenfenstern exakt in dem Feld zwischen zwei Sparren, wodurch die tragende Konstruktion nicht angetastet wird. Allerdings ergeben sich hierbei verhältnismäßig schmale Fenster, da der lichte Sparrenabstand 80 cm meistens nicht übersteigt. Der Einlaß breiterer Fenster erfordert einen deutlich größeren Aufwand und einen Eingriff in die tragende Konstruktion. Je nach den statischen Gegebenheiten ist es in diesem Fall erforderlich, Teile der Sparren herauszuschneiden und die von ihnen getragenen Lasten über einen sogenannten Wechsel auf die Nachbarsparren abzuleiten.

Bei der Wahl der geeigneten Belichtungs- und Belüftungslösung kommen verschiedene Arten von Dachfenstern in Betracht, deren Einsatz durch die Konstruktionsbedingungen sowie durch Gestaltungs- und Kostengesichtspunkte bestimmt wird. Grundsätzlich gelten beim Einbau von Fenstern im Dach die gleichen Regeln wie für Räume mit senkrechten Wänden, das heißt die Fenster-Unterkante sollte einen Meter nicht übersteigen, damit man im Sitzen hinaussehen kann und die Fenster-Oberkante sollte 1,90 Meter nicht unterschreiten, damit man im Stehen hinaussehen kann.

Die preisgünstigste Lösung bietet das angesprochene Dachflächenfenster, das in oder auf der geneigten Dachfläche liegt. Als Öffnungsarten kommen Schwingfenster, Klapp-Schwingfenster, Klapp-Schiebefenster oder stehende Fenster in Frage.

Durch die Addition in der Höhe oder Breite lassen sich ganze Lichtbänder zwischen Drempel und First herstellen.
Durch Dacheinschnitte mit senkrecht stehenden Fenstern bzw. Fenstertüren kann zusätzliche Wohnfläche nach außen gewonnen werden.

Die Belichtung mit Hilfe von Gauben ist die verbreitetste Form der Dachbefensterung. Die zahlreichen Spielarten als Schlepp-, Rund- oder Fledermausgaube ermöglichen den sehr nutzbringenden Einbau von senkrechten Fensterflächen. Die Wahl der Konstruktion richtet sich nach den statischen Möglichkeiten, da in jedem Fall eine „Auswechslung“ der Sparren erforderlich ist. Zusätzlich sind die technischen Anforderungen an die Wärmedämmung, den fachgerechten Anschluß an die Dachdeckung und die Regenwasserabführung zu bedenken.

Lichtkuppeln dienen als Belichtungs- und Belüftungsmöglichkeit von Räumen unter Flachdächern bzw. gering geneigten Dächern. Im Handel angeboten werden Kuppeln aus Acrylglas, PVC oder Glasfaserpolyester in ein- oder zweischaliger Ausführung, feststehend oder zu öffnen, die für eine Belichtung zum Beispiel von Bädern, Küchen und Treppenhäusern besonders geeignet sind.

Multifunktional sind Dachbalkon-Fenster-Elemente, die eine Kombination aus Dachflächenfenstern und zusätzlicher Balkontür mit freiem Austritt darstellen. Durch die bis zum Fußboden reichenden Fensterflächen lassen sich atelierfensterähnliche Belichtungsverhältnisse schaffen. Besondere Sonnenschutzvorkehrungen sind dabei einzuplanen.

Baurechtliche Bedingungen

Grundsätzlich bedeutet der Einbau einer oder mehrerer abgeschlossener Wohnungen in einen vorhandenen leeren Dachboden oder die Bebauung einer Dachfläche eine Nutzungsänderung, die baugenehmigungspflichtig ist und als Bauantrag – verfaßt durch einen Bauvorlageberechtigten – bei der zuständigen Baubehörde oder dem Bauamt eingereicht werden muß. Rechtsgrundlage ist die jeweils geltende Landesbauordnung. Zur Vermeidung unnötiger Planungskosten sollte der zukünftige Bauherr – am besten vertreten durch seinen Architekten – möglichst frühzeitig und vor Beginn der Planung mit der entsprechenden Bauaufsichtsbehörde die Realisierungschancen des Vorhabens klären. Unter Umständen ist anzuraten, einen sogenannten Bauvorbescheidantrag zu stellen, der die prinzipielle Genehmigungsfähigkeit bestätigt, ohne jedoch Rechtswirksamkeit zu entfalten.
Folgende baurechtliche und technische Aspekte sind bei der Neuplanung eines Dachausbaus oder einer Aufstockung zu beachten:

Äußere Erscheinungsform

Ist die Erstellung einer Dachwohnung mit einer Änderung der äußeren Erscheinungsform verbunden, zum Beispiel durch den Einbau von Dachgauben, ist zu prüfen, ob möglicherweise Gestaltungssatzungen oder entsprechende Vorschriften im Bebauungsplan dem entgegenstehen. Im Fall von denkmalgeschützten Gebäuden sind die Auflagen der Landesämter für Denkmalpflege zu berücksichtigen, die oftmals gravierende Planungsänderungen zur Folge haben können.

Brandschutz

Bei dem Ausbau eines Daches oder bei der Aufstockung eines Einfamilienhauses mit nur einem Vollgeschoß ergeben sich in der Regel keine brandschutztechnischen Schwierigkeiten. Dagegen sind die Brandschutzauflagen bei Mehrfamilienhäusern wesentlich strenger. In Gebäuden mit zwei und mehr Vollgeschossen unterhalb des Dachraums müssen Wände, Decken und Dachschrägen von Aufenthaltsräumen der Dachwohnung mindestens feuerhemmend, das heißt mit einer Feuerwiderstandsfähigkeit von F30 ausgebildet werden. Trennwände sind sogar feuerbeständig (F90) auszuführen. Bei Gebäuden mit mehr als fünf Vollgeschossen müssen auch die Decken in feuerbeständiger Bauweise erstellt werden.

Erschließung und Fluchtwege

Jede abgeschlossene Dachwohnung muß über das vorhandene Treppenhaus des Hauses, ansonsten über einen eigenen Treppenraum, erschlossen werden. Diese Erschließungsform gilt als erster Rettungsweg. Als notwendiger zweiter Rettungsweg muß für jede selbständige Wohneinheit ein von der Feuerwehr erreichbares Fenster mit einer lichten Größe von 0,90 / 1,20m vorgesehen werden. Die Brandschutzauflagen speziell bei Maisonette- oder Galeriewohnungen sind mit dem zuständigen Bauamt zu klären.

Geschoßflächenzahl

Diese gibt die einzuhaltende Höchstgrenze für das Verhältnis zwischen Grundstücksgröße und Bruttogeschoßfläche des gesamten Hauses an. Durch Erleichterungen der Bauordnungen dürfen auch Dachgeschosse zu Wohnungen ausgebaut oder aufgestockt werden, auch wenn die zulässige Geschoßfläche bereits durch die vorhandenen Vollgeschosse des Hauses ausgenutzt ist.

Grundfläche und lichte Raumhöhe

Aufenthaltsräume müssen über eine für die jeweilige Nutzung ausreichende Grundfläche verfügen, also mindestens 6 m^2. Die lichte Raumhöhe sollte mindestens 2,40 m betragen. Eine lichte Raumhöhe von 2,30 m kann zulässig sein, wenn hinsichtlich der Belichtung und Belüftung keine Bedenken bestehen. Diese Höhe muß dann aber mindestens über der Hälfte der Grundfläche einer Wohnung vorhanden sein.

Stellplätze

Für jede Wohnung ist grundsätzlich ein eigener Stellplatz nachzuweisen, folglich auch für eine nachträglich eingebaute Dachwohnung. Dies kann im Wege der Zahlung eines Ablösebetrages an die Kommune zur Bereitstellung öffentlicher Parkplätze erfüllt werden. Liegt ein dringender Bedarf vor, in einem Gebiet zusätzlichen Wohnraum zu schaffen, bestehen häufig Verhandlungsspielräume mit dem örtlichen Bauamt.

Landesbaurechtliche Anforderungen an die lichte Höhe (Mindestmaß)

Brandenburg:
2,40 m über der Hälfte des Raumes;
bei nachträglichem Ausbau 2,30 m

Berlin:
2,30 m über min. der Hälfte des Raumes

Bremen:
2,30 m über min. der Hälfte des Raumes

Baden-Württemberg:
2,20 m über min. der Hälfte des Raumes

Bayern:
2,20 m

Hessen:
2,30 m über min. der Hälfte des Raumes

Hamburg:
2,30 m über min. der Hälfte des Raumes

Mecklenburg-Vorpommern:
2,30 m über min. der Hälfte des Raumes

Niedersachsen:
2,40 m über min. 2/3 der Grundfläche

Nordrhein-Westfalen:
2,40 m über min. der Hälfte des Raumes

Rheinland-Pfalz:
2,20 m über der Hälfte der Grundfläche

Sachsen:
2,30 m über der Hälfte des Raumes

Sachsen-Anhalt:
2,20 m über min. der Hälfte des Raumes

Saarland:
2,30 m über min. der Hälfte der Fläche

Schleswig-Holstein:
2,30 m über min. der Hälfte der Grundfläche

Thüringen:
2,30 m über min. der Hälfte des Raumes;
bei nachträglichem Ausbau 2,20 m

Glossar

Abbeilen
Das Abschlagen des von Schädlingen befallenen Holzes bis in den gesunden Teil. > Holzschutz

Abgewalmt > Walmdach

Aufschiebling > Sparrendach

Auskragung
Das Vorspringen eines Bauteils über die Bauflucht, also über den eigentlichen Baukörper hinaus.

Balkenkopf
Das mit der Wandscheibe abschließende oder über sie hinausragende Ende eines Dach- oder Deckenbalkens.

Balkenschiene
Die Verstärkung eines Balkens durch beidseitiges Schienen als Sanierungsmaßnahme.

Band > Kopfband

Baurecht
Die Umnutzung eines Dachbodens zu Wohnzwecken ist eine genehmigungspflichtige Baumaßnahme. Rechtsgrundlage sind die Landesbauordnungen der einzelnen Bundesländer.

Betondachstein > Dachdeckung

Dach
Der obere Abschluß eines Gebäudes mit der Aufgabe, gegen Witterungseinflüsse zu schützen.

Dachbegrünung
Man unterscheidet zwischen extensiver und intensiver Begrünung. Im Falle der Extensivbegrünung erfolgt die Bepflanzung mit pflegearmer Vegetation und geringer Aufbauhöhe. Bei der Intensivbegrünung werden anspruchsvolle und pflegeintensivere Pflanzen wie kleine Sträucher/Bäume verwendet. Die Vegetationssubstratschicht ist hier entsprechend höher.

Dachboden
Der durch die > Dachkonstruktion umschlossene Raum.

Dachdeckung
Die auf die > Dachkonstruktion aufgelegte, witterungsbeständige Dachhaut. Die Wahl des Materials ist auch abhängig von der Dachneigung.
Die häufigsten Dachdeckungen sind Dachziegel aus gebranntem Ton als Flach-, Hohl- und Falzziegel. Geeignet für Neigungen zwischen 20°-90°.
Dachsteine sind ebenfalls für diese Neigungen geeignet. Sie bestehen aus hochverdichtetem Spezialbeton.
Schieferdeckungen sind traditionell in vielen verschiedenen Formen anzutreffen. Rechteck-, Quadrat- und Bogenformate unterschiedlichster Abmessungen sind erhältlich.
Metalldeckungen kommen für Dachneigungen zwischen 2° und 35° in Betracht. Materialien sind hier Zink, Kupfer, Aluminium und verzinkte Stahlbleche.
Darüber hinaus bituminöse Dachbahnen, Faserzementplatten und Reet.

Dacherker > Gaube

Dachkonstruktion
Als Dachkonstruktion wird das Traggerüst des Dachstuhls bezeichnet. Sie umfaßt im wesentlichen > Sparren, > Stiele, > Pfetten, usw.. Diese sind bei Wohngebäuden überwiegend aus Holz gefertigt. Die Hauptkonstruktionsarten aus Holz sind das > Pfettendach und das > Sparrendach.

Dachneigung
Die Neigung der Dachflächen und die Hausbreite entscheiden darüber, ob und in welchem Maße der Dachraum genutzt werden kann. Entsprechend den Regelungen der jeweils geltenden Landesbauordnung muß die lichte Höhe für den Ausbau eines Dachbodens mindestens 2,30 Meter über mindestens der Hälfte seiner Grundfläche betragen. Je größer die Dachneigung, desto größer ist die nutzbare Fläche.

Dachreiter
Ein auf den First aufgesetztes Fensterband zur Belichtung des darunter liegenden Raumes.

Dachstein > Dachdeckung

Dachstuhl > Dachkonstruktion

Dachziegel > Dachdeckung

Dampfbremse
Raumseitig angeordnete Folie, die verhindert, daß Feuchtigkeit aus dem Innenraum in die Wärmedämmung gelangt.

Drempel, Kniestock
Die vertikale Verlängerung der Außenwände über die Decke des Dachgeschosses, um den Fußpunkt der Dachkonstruktion anzuheben. Aus dieser Erhöhung ergibt sich eine wesentlich bessere Ausnutzung des Dachraumes.

First
Der obere Abschluß des Daches als Nahtstelle zweier gegeneinander geneigter Dachflächen.

Flachdach
Das Flachdach zeichnet sich durch keine bzw. geringe Dachneigung aus. Die Unterkonstruktion stimmt meistens mit der obersten Geschoßdecke überein, oberhalb derer sich Isolier- und Dichtungsschichten befinden. Zwei konstruktive Grundsysteme sind zu unterscheiden: das Warmdach, bei dem die Dichtung unmittelbar auf der Isolierung aufliegt, und das Kaltdach, bei dem zwischen Dichtung und Isolierung eine belüftete Schicht eingezogen ist.

Gaube, Gaupe
Dachaufbau für senkrecht stehende Dachfenster, der aus dem Dachkörper hervortritt. Entsprechend ihrer unterschiedlichen Ausformung unterscheidet man Schlepp-, Giebel- oder Fledermausgauben. Die Schleppgaube ist aus der Dachfläche regelrecht herausgeklappt, die Fledermaus- oder auch Froschmaulgaube bildet nur eine Erhebung in der Dachfläche. Als Gauben werden auch Dachfenster mit eigenem Dach bezeichnet. Tritt eine Gaube als geschoßhoher Ausbau an der Hausflucht vor, so spricht man auch von Dacherker, Lukarne oder Zwerchhaus.

Geschoßflächenzahl (GFZ)
Baurechtlich festgelegte Verhältniszahl, die bestimmt, in welchem Maß ein Grundstück baulich maximal ausgenutzt werden darf.

$$\text{GFZ} = \frac{\text{Summe Geschoßflächen}}{\text{Grundstücksfläche}}$$

Giebel
Der abschließende dreieckige Wandteil eines Gebäudes mit > Satteldach.

Grate
Die Schnittkanten zweier Dachflächen, deren innerer Winkel zueinander kleiner ist als 180° > Kehle.

Gratsparren
Der nicht horizontale Firstsparren zweier zusammengesetzter Dachflächen wie zum Beispiel beim Walmdach. Die Neigung dieser Sparren ist der Neigung der beiden Dachflächen angepaßt.
> Grate

Grundflächenzahl
Baurechtlich festgelegte Verhältniszahl, die bestimmt, wie hoch der bebaute Anteil eines Grundstücks maximal sein darf.
(Maß der baulichen Nutzung)

$$\text{GRZ} = \frac{\text{überbaute Grundstücksfläche}}{\text{Grundstücksfläche}}$$

Holzschutz
Holz ist als organischer Baustoff vor allem von Schädingsbefall bedroht, da es anderen Pflanzen und Tieren reichlich Nährstoffe bietet. Befallenes Holz ändert seine mechanischen, chemischen und physikalischen Eigenschaften. Das bedeutet, daß die Druck-, Zug- und Biegefestigkeit der Balken durch Befall erheblich beeinträchtigt werden kann.
Holzschutz läßt sich in chemischen und baulichen Holzschutz unterteilen.

Kaltdach > Flachdach

Kehlbalkendach
Das Dachgespärre beim Kehlbalkendach wird durch horizontal unterhalb des > Firstes verlaufende Holzriegel ausgesteift. Zu unterscheiden sind Kehlbalkendächer mit verschieblichen und unverschieblichen Kehlbalken.

Kehlen
sind die Schnittkanten zweier Dachflächen, deren innerer Winkel größer ist als 180° > Grat.

Kniestock > Drempel

Kopfband
Kurzes, aussteifendes Verbindungsstück vom waagerechten Rähm zum senkrechten Pfosten.

Lukarne >Gaube

Mansarddach
Das konstruktiv aufwendige Mansarddach besitzt Dachflächen, die jeweils einmal abgeknickt sind. Der untere Teil des Daches wird zur leicht geneigten Außenwand, wodurch sich eine bessere Nutzbarkeit des Dachraumes ergibt.

Mansart, Jules Hardouin
Französischer Baumeister (1646 bis 1708) zur Zeit des ausgehenden Barock, der häufig das nach ihm benannte gebrochene Giebeldach (Mansarde) mit Ausnutzung des Dachraums als Wohnraum verwendete.

Massivdach
Konstruktionen aus Leicht-, Poren- oder Stahlbeton, Tonhohlplatten, Ziegelelementen und anderen, die auf der Baustelle betoniert oder als Fertigelemente eingebaut werden.

Ortgang
Der Ortgang ist der Abschluß der Dachdeckung an der Giebelseite, der durch ein Brett oder einen Ortgangziegel gebildet wird. Der Ortgang verläuft im Gegensatz zur > Traufe an der Giebelseite.

Pfette
Horizontal in Längsrichtung angebrachter Holzbalken zur Aufnahme von Dachlasten aus den > Sparren

Pfettendach
Beim Pfettendach werden die Dachlasten über die unter den Sparren liegenden Fußpfetten auf die Außenwände, über Mittel- und Firstpfetten auf Stiele oder Binder übertragen. Die Quer- und Längssteifigkeit kann durch Streben, > Kopfbänder, Windverbände oder massive Wandscheiben erzielt werden. Die eingestellten vertikalen Stiele beeinträchtigen je nach Häufigkeit ihrer Anordnung die Nutzung des Dachraums.

Pultdach
Das Pultdach besteht aus nur einer einseitig geneigten Dachfläche oder als Sonderform aus zwei gegenüberliegenden, unterschiedlich geneigten Flächen - dem Pult und Gegenpult.

Schädlinge > Holzschutz

Sparren
Tragende Balken in der Fallinie des Daches, auf denen Dachlatten und Dachhaut aufgebracht werden.

Sparrendach
Das Sparrendach besteht aus einzelnen Gespärren als Dreigelenkbinder, die in Verbindung mit einer zugfesten Decke alle auftretenden Lasten auf die Außenwände übertragen. Die in jedem Sparren auftretenden Normalkräfte (längs des Sparrens) müssen auf die Decke übertragen werden, was durch eine am Sparrenfuß eingelassene Knagge oder eine Aufkantung in der Betondecke als Widerlager geschieht. Das Sparrendach ist durch einen stützenlosen Dachraum gekennzeichnet.

Traufe
Die Traufe ist waagerechte Kante des Dachvorsprungs an der Längsseite des Daches parallel zum > First, im Gegensatz zum > Ortgang an der

Giebelseite. Die Traufe dient gleichzeitig als Ablaufseite des Regenwassers.

Trockenbau
Unter dem Begriff Trockenbau wird der mörtelfreie Innenausbau verstanden. Zum Beispiel aus Holz, Gips- Bauplatten und anderem.

Unterspannbahn
Die Unterspannbahn ist Teil des Dachaufbaus. Sie befindet sich zum Schutz gegen Feuchtigkeit zwischen > Dachdeckung und > Dachkonstruktion.

Walmdach
Beim Walmdach sind anstelle der Giebelwände an den Stirnseiten des Hauses geneigte Dachflächen. Das Krüppelwalmdach hat den oberen Teil, das Fußwalmdach nur den unteren Teil der Giebelwand abgewalmt.

Wärmedämmung
Die Funktionstüchtigkeit der Wärmedämmung von Dächern wird bestimmt durch Material, Dicke und Ausführung der Dachkonstruktion sowie durch die geplante Nutzung unter dem Dach. Die gebräuchlichste Form der Wärmedämmung – insbesondere bei der Sanierung bestehender Gebäude – ist die zwischen den Sparren angebrachte Dämmung.

Wärmeschutzverordnung
Die Wärmeschutzverordnung schreibt für geneigte Dachflächen von ausgebauten Dachgeschossen die Einhaltung bauphysikalischer Mindestanforderungen vor, die für einen ausreichenden Wärme- und Umweltschutz sorgen. Danach ist bei Neubauten, also zum Beispiel einer Dachaufstockung, mindestens ein k-Wert von 0,30 für Dachschrägen, beim nachträglichen Ausbau von Altbauten mindestens 0,45 erforderlich.

Warmdach > Flachdach

Widerlager > Sparrendach

Windrispe
Auf den Sparren diagonal verspanntes Flacheisen zur Aussteifung der Konstruktion.

Zapfen
Sogenannte Brustzapfen, Einfaches Blatt oder Weichschwanzblatt sind handwerkliche Holzverbindungen, die insbesondere bei der Sanierung traditioneller Konstruktionen Anwendung finden.

Ziegel > Dachdeckung

Zwerchhaus > Gaube

Architekten- und Bildnachweis

Ackermann & Raff
Freie Architekten BDA
Eugenstraße 2
72072 Tübingen
Seite: 16-19
Fotos: R. Blunck,
Tübingen

Werner Bäuerle
Freier Architekt BDA
Schwedenschanze 5
78462 Konstanz
Mitarbeit: F. Lüttin,
E. Adriaans, M. Frei
Seite: 20-23
Fotos: H. Willig, G+J,
Hamburg

Beckenhaub & Hohm
Dipl.-Ing. Architekten
Schloßplatz 12
64732 Bad König
Seite 24-27
Fotos: M. Felzmann,
Darmstadt

Frank F. Drewes
Dipl.-Ing. M. Arch.
Bahnhofstrasse 10a
33442 Herzebrock
Seite: 28-35
Fotos: A. Weintraub,
San Francisco, Ca.

Frick & Reichert
Dipl.-Ing. Architekten
Lange Straße 31
60311 Frankfurt a.M.
Mitarbeit: H. Klotz,
F. A. Zimmermann
Seite: 36-39
Fotos: Archiv Architekten

Gerd Gassmann
Prof. Dipl.-Ing.
Freier Architekt BDA DWB
Amthausstraße 19
76227 Karlsruhe
Seite: 40-43
Fotos: R. Blunck,
Tübingen

Hild & K.
Andreas Hild
Tilmann Kaltwasser †
Architekten BDA
Nikolaistraße 2
80802 München
Seite: 44-51
Fotos: Archiv Architekten

Hans Kohl
Dipl.-Ing. Architekt
Gundelindenstraße 5
80805 München
Seite: 52-55
Fotos: J. Willebrand,
G+J, Hamburg

Christoph Mäckler
Prof. Dipl.-Ing. Architekt
BDA
Opernplatz 14
60313 Frankfurt
Mitarbeit: F. Marohn,
D. Steffan, T. Mayer
Seite: 56-59
Fotos: Archiv Architekt

Marwede &Tebroke
Dipl.-Ing. Architekten BDA
Merlostraße 18
50668 Köln
Mitarbeit: C. Anders,
A. Hemmelrath, C. Laux,
B. Mockenhaupt
Seite: 60-63
Fotos: Archiv Architekten

Meckel & Vogeler
Dipl.-Ing. Architekten
Gutleutstraße 13
60329 Frankfurt a.M.
Seite: 64-67
Fotos: J. Willebrand,
G+J, Hamburg

Meyer & Bassin
Dipl.-Ing. Architekten
Hartigstraße 5
01127 Dresden
Seite: 68-71
Fotos: R. Halbe,
Contur Dortmund

Adriane Niedner-Siebert & Partner
Dipl.-Ing. Architekten BDA
Hauptstraße 11c
53604 Bad Honnef
Seite: 72-75
Fotos: T. Gundelwein,
Saarbrücken

Ute Piroeth
Dipl.-Ing. Architektin BDA
Agrippinawerft 6
50678 Köln
Seite: 76-79
Fotos: J. Willebrand, Köln

Siegfried Polaczy
Dipl.-Ing. Architekt
Adalbertstraße 7/8
10999 Berlin
mit **Dagmar Marx**
Innenarchitektin
Müllerstraße 134a
13349 Berlin
Seite: 80-83
Fotos: R. Blunck,
Tübingen

Claudius Pratsch
mit Tanja Riccius
Dipl.-Ing. Architekten
Waldemarstraße 37
10999 Berlin
Seite: 84-87
Fotos: Archiv Architekt

Schaudt Architekten
Martin Cleffmann
Hafenstraße 10
78462 Konstanz
Seite: 88-91
Fotos: R. Blunck,
Tübingen

Spengler & Wiescholek
Architekten und Stadtplaner
Max-Brauer-Allee 34
22765 Hamburg
Seite: 92-95
Fotos: O. Heißner,
Hamburg

Andreas Uffelmann
Prof. Dr.-Ing. Architekt
BDA DWB
Mitarbeit: A. Cawalla
Lange Laube 19
30159 Hannover
mit Spehr & Spehr
Architekten, Hannover
Seite: 96-99
Fotos: Th. Deutschmann,
Hannover

Jutta Unland
Architektin und Stadtplanerin
Oberweserstraße 9
28203 Bremen
Seite: 100-103
Fotos: R. Halbe,
Contur Dortmund

Norbert Weickenmeier
Dr.-Ing. Architekt BDA
Schladmingerstraße 27a
81241 München
Fotos: Archiv Architekt
mit
Alexander Reichel
Dipl.-Ing. Architekt
Gentzstraße 1a
87016 München
Seite: 104-107
Fotos: W. Prokschi,
München

Werk & Stadt
Planungsgemeinschaft
Joachim Montzka
Bernd Reidath
Dipl.-Ing. Architekten
Eimsbütteler Chaussee 39
20259 Hamburg
Seite 108-111
Fotos: A. Wemheuer,
Hamburg

Eberhard Wurst
Dipl.-Ing. Freier Architekt
Eisenbahnstraße 65
72793 Pfullingen
Seite: 112-115
Fotos: R. Halbe,
Contur Dortmund

Literaturverzeichnis

E. Schunck, H.-J. Oster,
T. Finke, R. Jenisch
Dachatlas – geneigte Dächer
München 1999

O. Frick, P. Knöll,
D. Neumann,
U. Weinbrenner
Baukonstruktion
Stuttgart 1992

G. Pfeifer,
A. Liebers,
H. Reiners
Der neue Holzbau
München 1998

E. Neufert
Bauentwurfslehre
34. Auflage
Braunschweig 1996

D. Hoor, H. Reiners
Der Dachausbau
München 1991

W. Meyer-Bohe
Dachräume
Stuttgart 1993

C. Arendt
Altbausanierung
Stuttgart 1993

Impressum

Die Deutsche Bibliothek – CIP-Einheitsaufnahme
Ein Titeldatensatz für diese Publikation ist bei der Deutschen Bibliothek erhältlich.

Layoutkonzeption: Helmut Gebhardt, München
Layout: JUNO, Hamburg
Litho: Fotolito Longo, Bozen
Druck und Bindung: Fotolito Longo

Printed and bound in Italy, 1999
ISBN 3-7667-1315-9

Schutzumschlag: Architekten Ackermann & Raff, Tübingen (Seite 16-19)
Zeichnung Seite 2: Entwurfsskizze zum Projekt der Architekten Beckenhaub & Hohm, Bad König (Seite 24-27)
Foto Seite 4: Architektin Ute Piroeth, Köln (Seite 76-79)